共創
以人為本的世紀

SGI 日紀念倡言集
2013 至 2017 年

池田大作

著

商務印書館

責任編輯：林雪伶
裝幀設計：麥梓淇
排　　版：周　榮
責任校對：趙會明
印　　務：龍寶祺

共創以人為本的世紀

作　　者：池田大作
編　　校：香港國際創價學會出版局
出　　版：商務印書館 (香港) 有限公司
　　　　　香港筲箕灣耀興道 3 號東滙廣場 8 樓
　　　　　http://www.commercialpress.com.hk
發　　行：香港聯合書刊物流有限公司
　　　　　香港新界荃灣德士古道 220-248 號荃灣工業中心 16 樓
印　　刷：嘉昱有限公司
　　　　　香港九龍新蒲崗大有街 26-28 號天虹大廈 7 字樓
版　　次：2024 年 1 月第 1 版第 1 次印刷
　　　　　© 2024 商務印書館 (香港) 有限公司
　　　　　ISBN 978 962 07 6717 3
　　　　　Printed in Hong Kong

目　錄

邁向 2030 年
創造和平與共生的潮流

2013 年 SGI 日紀念倡言

為紀念「SGI 日」，即國際創價學會成立日（1 月 26 日），我以 2030 年為指標，為建設和平共存的地球社會作出展望。

　　今年是《世界人權宣言》制定六十五週年。聯合國自創設以來，在聯合國大會以及各種世界會議上通過了《世界人權宣言》等種種決議，明示人類應共同追求的理念和指標，藉以喚起國際間合作。這些指標包括環保與發展範疇的「可持續發展」、對抗糾紛與「結構性暴力」(structural violence) 的「和平文化」，去年 9 月聯合國大會上通過的「人的安全」等。

　　這些都是聯合國的重點課題，現今必須首先解決的專案。

　　具體來說，譬如聯合國重點課題的「千年發展目標」(Millennium Development Goals)[1]：把世界上極端貧窮人口比例減半的目標已經在期限的 2015 年前達成，把無法持續獲得安全飲用水人口比例減半的目標也已經實現，確保男女兒童都能完成全部初等教育課程的目標也即將達成。

　　當然，照目前的進展狀況來看，估計不能如期達成的目標也不少。即便能達成所有目標，多數人口仍然處於生

1　對 2000 年 9 月通過的《聯合國千年宣言》等加以總結，總括為八個範疇二十一項的國際目標。去年為止，有關解決極端貧窮、飲用水、貧民窟居民的生活條件等問題的專案已達成。但要在 2015 年達成其他如降低兒童死亡率、改善產婦保健等剩餘專案，還需要更大努力。

命或尊嚴受到嚴重威脅的狀態下，進一步努力改善仍是當務之急。

雖然只取得部分成果，但我認為這具有重大意義，因為它證明了只要擁有共同的問題意識，明確制定應克服的課題和期限，大家一致地努力解決，就能着實地改變世界。

正好在去年 6 月的「里約 +20」聯合國可持續發展會議上，決定要制定新的「可持續發展目標」(Sustainable Development Goals)，並於上個月設立了一個工作組。到新目標的期限 2030 年，能達成些甚麼，要建構一個怎樣的世界？—— 我希望能集結全球的智慧，齊心為未來的地球社會描繪一張藍圖。

● 文豪歌德所指摘的文明病理

「所有的事物、親愛的朋友，現今都是極端的，甚至思考和行動都無休止地匆匆而逝……年輕人從太小的年紀就接受刺激，然後被時間的漩渦吞噬。財富和速度受到世間崇拜，也是所有人努力追求的。」(《致友人澤爾特的信》，*Goethe's Letters to Zelter*)

這尖銳的文明批評，並非出於現代思想家的手筆，而是活躍於十八世紀後半至十九世紀的文豪歌德 (Johann Wolfgang von Goethe) 的話。

我當前正在與德國的「魏瑪歌德協會」(Goethe Society) 顧問曼弗雷德‧奧斯滕 (Manfred Osten) 博士就歌德的思

想與人生展開對話。奧斯滕博士注意的是，歌德在《浮士德》（Faust）中從正面指出這一文明病理，他描寫了人雖然用「魔斗篷」（最快速的移動工具）、「快劍」（最快速的兵器）和「快錢」（錢幣）不斷地滿足欲望，最後卻自取滅亡的愚行。

為滿足浮士德的欲望，魔鬼梅菲斯托費勒斯供給他這三件道具。奧斯滕博士把它們形容為「惡魔般速度的道具」，說這些道具的形態與名字與當代的大不相同，但內容完全一樣。他繼而指出：現今人類究竟有沒有能力覺醒自己就是現代的浮士德。如他所言，我們現在的世態和歌德的描寫確實非常相似，不需借助梅菲斯托費勒斯的力量，我們已經造成一個病入膏肓的悲慘世界，本來不應輕視的東西簡單地被踐踏犧牲。歌德所指摘的病理，現代已達到頂點。

縱觀現代，為守護自己國家而不惜製造甚至可招致世界末日的核武器，以擴大差距和犧牲弱者形成的萬人膜拜的競爭至上社會，經濟發展至上主義所帶來的沒有節制的環境破壞，投機交易帶來的物價高漲和糧食危機……這種病態比比皆是。

「千年發展目標」要從世界上盡量消滅悲慘事態，但對於這些文明病理，如果不認真根除，即便暫時改善某些事態，歸根到底也會繼續衍生各種新問題，使狀態更為惡化，甚至變得不可收拾。面對滿途荊棘，我們應如何以 2030 年

為目標進行新挑戰呢？為解決這個問題，我認為歌德以下這句話很有啟發性：「總會有一天到終點的走路方式是不夠的。每一步本身就是終點，也是通往終點的一步。」（《歌德談話錄》，*Conversations with Eckermann*）。

就是說，不是以倉促補釘拼湊的方法來改善事態，而是進行這樣的挑戰：讓苦於各種威脅的人能恢復自己的生存希望和活着的尊嚴，以此作為目標去改善一個又一個的事態，讓時代的潮流從破壞走向建設，從對立走向共存，從分裂走向團結。

所以，在制定新目標時，要重新確認「甚麼是社會不能再輕視的東西」。要制定能確實地引導大家走向和平共存地球社會的精神基礎。

在此，我提議把「尊重生命」作為這精神基礎的主軸。

● 與他人苦樂與共的心志

若把和平共存的地球比作一棟建築物，那麼「人權」、「人的安全」等理念就是構成建築物的支柱，而「尊重生命」應該是支撐這些支柱的地基。假如地基不穩固，只是一種抽象概念，那麼遇到危機或考驗時，支柱也會不穩固，甚至導致建築物倒塌。

為支撐整個建築物的重量，一定要使「尊重生命的價值」這個地基堅固起來，並且讓它牢牢地在每一個人的生活方式這大地上深深扎根，這才有其真正意義。為此，

我提出三個社會應有的精神性指標：與他人苦樂與共的心志、相信生命的無限可能性、誓要頌揚並守護多樣性到底。

首先我要談及的第一個指標，就是「與他人苦樂與共的心志」。這個指標令我想起差不多四十多年前和英國歷史學家湯恩比博士（Arnold J. Toynbee）共同展望二十一世紀的對話。我們談到的最後一個主題是「生命尊嚴」。那時湯恩比博士強調：「尊嚴是任何東西也代替不了的。」（《眺望人類新紀元》）並指出，正因為每一個人都如此獨特和無可替代，所以生命尊嚴如此寶貴。

湯恩比博士更指出，「不重視他人的尊嚴，就會失去自己的尊嚴」（同上）。在思考人與人之間的關係時，「生命尊嚴」的觀點實在非常重要。

現今令世界眾多人的尊嚴陷入危機，需要國際合作立即應對的，就是貧窮問題。

剛才也說到，「千年發展目標」的幾個專案雖然已經達成，但也不過讓苦於悲慘現狀的人口比例「減半」而已，若不加速處理，估計到 2013 年就會有約十億人陷於極端貧窮，約六億餘人沒有安全的飲用水。而且削減貧窮的進度各地區有所差別，尤其是撒哈拉沙漠以南的非洲地區改善進度緩慢，遠遠比不上還沒有達成減半目標的南亞和中南美洲，情況令人擔憂。

今年 6 月將在日本橫濱市舉辦第五屆東京非洲發展國

際會議。其中一個重要議題是「包容與強韌的社會」。我衷心祈願通過這次會議，能創造更堅固的國際間團結，來建設一個「非洲世紀」，從非洲向世界擴展和平共存的潮流，讓每個人都能活得有尊嚴。

另一方面，威脅眾多人的尊嚴的貧窮問題，甚至在經濟先進的國家之中也變得越來越嚴重。

英國學者理查‧威爾金森（Richard Wilkinson）和凱特‧皮克特（Kate Pickett）是研究社會差距問題的專家。他們指出，假如經濟差距加上經濟窮困，會使人際關係惡化，甚至腐蝕整個社會。

在他們的著書《精神層面 —— 為甚麼沒有差距的社會經常會表現更好》(*The Spirit Level: Why More Equal Societies Almost Do Better*) 中指出，差距會對人的健康和社會帶來深刻影響，不但如此，「差距越大，越令人變得互不相干，人際關係愈益淡薄，人們需要獨力處世謀生，這樣必然令信賴關係減弱。（中略）有差距問題的國家會令社會各個層面的機能衰減……不但是貧窮的人，甚至所有階層也會受到不良影響」。

單是窮困，已令人對生活上的每一件事都感到辛苦，而更令人難以忍受的，是那種被輕視排擠、在社會上失去生活場所和生存意義的感受。身處這般境地，雖然仍然會有人鼓起勇氣邁步向前，但周圍的冷淡反應和冰冷視線會加深孤立，傷害尊嚴。

正因如此，近年除了從經濟層面來解決貧窮問題之外，還提出一種「社會性包容方法」，重視恢復貧窮階層與他人的關係，讓他們重覓生存意義。

● 以佛教思想來解救人的痛苦

在古印度，佛教的起源是出於挽救面臨各種苦難的人。

佛教創始人釋迦牟尼出身在享盡富貴榮華的王族，一生不愁衣食。一般傳說釋尊年輕時決意出家，就是因為在「四門遊觀」[2] 時遇到苦於生老病死的人，而心起挽救之意。

但是釋尊的本意，並非單是厭惡生老病死這人生的無常。釋尊後來如此說出他當時的心境：「愚蠢的凡夫，雖然他們自己會衰老，也不能避免衰老，卻在看見他人衰老的時候沉思苦想、煩惱，覺得羞恥厭惡，而忽視了這也是自己的事。」（《佛陀》一）而且對於病和死也持有同樣的看法。

釋尊注意的是人的「傲慢心」—— 對於老人或病人覺得討厭的歧視心態，而忽視了自己也會經歷同樣情況。因此，釋尊絕不會把周圍任何一個被孤立排斥的老人或病人置之不理。

佛經上有這樣的故事。

2　指釋尊在王子的時期到王宮外遊玩時，看到人民的各種面貌而明白人有生老病死四苦。《修行本起經卷下》記載，釋尊從王宮的東、南、西門外出，看到老人、病人的苦困，以及死人的悲哀，最後從北門外出遇到出家人，使他發心，自願出家。

1993 年 9 月，池田 SGI 會長在美國哈佛大學進行第二次演講，題為《二十一世紀文明與大乘佛教》。通過佛法思想展開的「生也歡喜、死也歡喜」的生命觀引起廣大反響。

　　釋尊看到一個病倒的修行僧，問道：「你為何如此痛苦，為何單獨在此？」修行僧回答說：「我一生懶惰，怕辛苦，從來不替他人看病，所以如今自己得病，也沒有人為我看病。」

　　釋尊說：「善男子，如今我為你看病。」於是為他更換骯髒的被褥，親自洗淨他的身體，為他換上新衣服，然後鼓勵他好好修行。修行僧頓時感到身心歡暢愉快，判若兩人。（《大唐西域記》）

　　我想，令這修行僧康復振奮的，除了釋尊對他獻身的看護之外，更令他感動的是，釋尊跟對其他健康的弟子一樣，對他說出同樣的鼓勵話語，這令他重燃接近熄滅的生命「尊嚴之火」。

● 釋尊打破歸咎於他人的「傲慢心」

這故事出自玄奘《大唐西域記》，假如我們把它與其他經典的內容對比，又可以看到釋尊的另一層深意。

故事說，釋尊看護了修行僧後，召集弟子詢問，原來弟子們早已知道修行僧病重，以及患的是甚麼病。雖然如此，沒有一個弟子向他伸出援助之手。

弟子們的解釋，跟修行僧在病床上所說的一模一樣：「他從來不為其他修行僧看病，所以我們也不為他看病。」（《律藏大品》，大意）

這回答以現代的言語來表達的話，就是「他平常的表現不好」、「因為自己的努力不足」等「自己責任論」這番歸咎於本人的理論。這樣，修行僧會覺得這是自己甘受的「命運」，只有死心放棄。而對其他弟子而言，就是把他們的旁觀態度正當化，助長他們高人一等的「傲慢心」，使他們的心被陰霾覆蓋，不能清楚地觀看事態。

釋尊為拂去弟子們心中的陰霾，讓他們察覺到自己的不是，說出了以下的話：「有心要侍奉我的人，就去看護病人吧！」

修行佛道，就是去扶持關懷眼前困苦的人，是能對他人的困苦感同身受的一種苦樂與共的生存方式。這裏要注意的，是通過如此的過程，能恢復尊嚴的並非只是受苦的人，同時還包括與他共苦的人。

生命尊嚴，並非一個人能獨自展現的。只有在如此的相關過程中，他人的生命方可顯示其「無可替代」的尊貴一面，而當自身湧現無論如何都要維護它的心態時，自己的生命也同時會變得尊貴莊嚴。

　　釋尊勸導弟子們時，把「我（釋尊）」與「病人（修行僧）」置於同等關係，一視同仁，就是說病人也好，老人也好，人的生命尊嚴是完全沒有差別的。從這點來看，見到他人生病或衰老的苦痛樣子，覺得這就是人生的敗北的觀點是錯誤的。不但如此，有如此的想法，只會同時貶低他人和自己的生命尊嚴。

　　創價學會的哲學基礎是日蓮大聖人的教導。在釋尊的思想中，日蓮大聖人至為重視的是《法華經》，關於經中描述象徵生命尊貴的價值的寶塔出現的場面，他說：「四面者，生老病死也。以四相莊嚴我等一身之塔也。（所謂四面，是指生、老、病、死。以這四種相貌妝點我們自身的寶塔。）」（〈御義口傳〉）也就是說，成為寶塔四面的是生老病死四苦，隨着超越這四苦，能展現自己莊嚴的輝耀姿態（四相）。看似負面的生、老、病，甚至死，都可以昇華為令自己人生莊嚴的食糧。

　　說到生命尊嚴，離開了現實的種種煩惱就顯現不出本來的光輝。佛法教導，只有誠心誠意和他人苦樂與共，才可以開拓「自他皆幸福」之道。我們創價學會，在草創時期被譏笑為「窮人病人的團體」，但一直以來我們還是投身在

苦惱的人群當中，一起相互扶持，苦樂與共。這是我們的最大自豪。

尤其是近年，災害與經濟危機所誘發的「突如其來的窘迫危機」(the dangers of sudden deprivation)[3]，在一瞬之間奪去眾多人寶貴的家人和財產，令災民陷於不能自拔的苦痛之中。如此事態在世界各地頻發，因此更需要努力防止災民的孤立化。

如 2010 年海地地震、2011 年日本東北大地震，雖然災情慘重，但很多地區的重建工作還沒有取得任何顯著的進展。尤其我們還要顧及災民的「心靈重建」、「人生重建」的重大課題。重要的是，我們絕對不要忘記災區居民的痛苦，社會要盡全力去早日重建災區，從各個角度為災民帶來「生存的希望」。

遇到痛苦的人，就一直鼓勵、關心他，直到他重現笑容，與他苦樂與共 —— 只要人人擁有如此「冀求共存的精神」，縱然遇到一個又一個的苦難，也絕對能克服。

我認為，只要堅守「維護寶貴的生命，發揮自他共有

3　經濟學家阿馬蒂亞・森 (Amartya Sen) 博士在《人類安全立即行動》(Human Security Now) 一書中如此形容各類突如其來且無法預測的困境：「威脅人的生存及日常生活的安全、危及男女與生俱來的尊嚴、使人處於對疾病及瘟疫不安的環境，令處於弱勢的人們因經濟惡化而陷於極端貧困狀態 —— 對應這種種危機，需要特別注意。」

的尊嚴」此信念，堅毅地行動，定能克服社會的差距，樹立重視每一個人的社會基礎。

● **相信生命的無限可能性**

第二個我要舉出的指標是「相信生命的無限可能性」。

去年 9 月，SGI 和「人權教育協會」(Human Rights Education Associates)、「聯合國人權事務高級專員辦事處」(Office of the United Nations High Commissioner for Human Rights) 共同製作了一部意識啟蒙影片《邁向尊嚴之道 —— 人權教育之力》。這部人權教育影片，是配合 2011 年 12 月通過的《聯合國人權教育和培訓宣言》[4]，向一般民眾推廣和普及其內容和理念而製作的。

這部影片在網絡上也可以觀看，介紹了三個地方實施的人權教育運動。雖然每個地方遇到的課題不同，但它傳達了「社會定能變革，而這始於每個人內心的變革」的資訊。

SGI 作為聯合國非政府組織 (NGO)，基於佛教思想的信念，一直把推進人權教育作為活動的其中一個重點。釋尊提倡「汝莫問所生，但當問所行」(《雜阿含經》)，否定當

4　聯合國首次制定人權教育的國際基準，2011 年 12 月在聯合國大會上全會一致通過。內容記載，國家有義務通過各種合適方法去實現人權教育與培訓的權利，以及包括非政府組織的民間社會的作用和重要性。

時流行的現世境遇完全取決於過去世的罪業這種命運論的說法。通過「火生自各種柴薪」（同上）的譬喻，強調人人都內藏尊貴生命，所以萬眾平等，都能發揮無限潛能。

相反，命運論不但助長歧視心態，甚至予以肯定，成為輕視人權思想橫行的溫床。它摘掉被歧視的人的希望之芽，讓他忘記「自己本來也是一個寶貴的存在」，而剩下「如何努力也是沒用」的絕望心態。

這種現在的境遇完全受過去的作為支配的思想，會腐蝕每個人——不但被歧視的人、也包括歧視他人的人的「生命尊嚴」基礎。釋尊是絕對不會對這種心態置之不理的。

釋尊主張「莫問所生，但當問所行」，是要指出「因果關係」並非固定不變，「現在瞬間的行為（或一念）」會成為新的「因」，帶來完全不同的「果」，訴說人本身於今世、於現在的行為決定自己的真正價值。

釋尊又教導「緣起論」，指出萬物互相影響，要重視這相互依存的關係。就是說，瞬息萬變的「因」和「果」，配合相互依存的緣起法理，會給萬物帶來各種各樣的影響。自己「現在這一瞬間的行為」，不但會改變自己，也會對周遭社會帶來正面的價值，引起連鎖變革。這生命的偉大力量，釋尊通過「火生自各種柴薪」的譬喻，指出無論何人，都有他內在的寶貴價值和力量。

倘若能覺悟到萬眾生命皆無比尊貴這一道理，就能發

揮自己生命中與生俱來的無限潛力。《法華經》以精妙的譬喻，來描繪此佛法的生命觀。值得注意的是，經中的諸多譬喻，有的是出自釋尊，也有的是出自其弟子。例如「長者窮子譬」由代表聲聞的須菩提等講述，而「衣裏珠譬」則出自憍陳如等阿羅漢之口。

「長者窮子譬」講述一個富翁（長者）跟兒子（窮子）失散多年後，顛沛流離的兒子在偶然的機會回到家中，但認不出富翁就是父親，驚慌欲逃，富翁留他在家工作，讓他慢慢改掉劣根性，之後告知實情，父子相認，最後把萬貫家財傳給他。

「衣裏珠譬」講生性好酒的窮人，到富有的親戚家喝酒，醉後親戚把一顆寶珠縫在他衣裏，但他酒醒後不覺知，流浪他鄉，受盡貧苦折磨後，又回到親戚處，方知自己一直擁有價值連城的寶珠。

這些譬喻顯示，釋尊法理的核心，就是人人都具有佛性（萬眾平等），與佛同樣能發揮甚深無量的智慧（萬眾皆具有無限潛力）。弟子們通過講述這些譬喻，表達他們醒悟到自己的生命尊貴與使命的歡喜心情和決意。《法華經》細緻地描述弟子們由於覺醒而心生歡喜，之後這歡喜心情昇華為決意（行動）的生命變革。

我們 SGI 在推進人權教育運動時，重視從「自強」（empowerment）到「發揮領導作用」的步驟。正如釋尊的覺醒帶來弟子們的覺醒一樣，一個人能做到的，萬人也必可

SGI 與國際地球憲章共同策劃製作的環境展覽「希望的種子展」於 2012 年 6 月配合聯合國「里約 +20」會議，於巴西里約熱內盧市舉辦。

做到。根據佛教的思想，這樣的變革過程，可通過人與人之間生命與生命的啟發逐步擴大。

在上述人權教育影片中，介紹了一位年幼被迫結婚，婚後一直苦於丈夫暴力的土耳其婦女的體驗。她決意要跟丈夫離婚，卻受到自己家人的威脅。她接觸婦女人權團體而受到保護，並學習到自己也有人權，提高了意識，決定重新踏上新的人生道路。她在影片中說：「我感到力量充沛。要是我能夠幫助其他婦女，那我就更開心了。我想成為他人的榜樣。」

她從一個苦於暴力的弱質女子成長為要幫助其他同苦婦女的堅強婦人。這是人權教育的一個寶貴例子。影片中，

這位婦女通過學習人權而重獲生存的力量，自覺了自己的尊嚴。她的微笑顯示出她相信自己的力量，對未來充滿希望。

在此，我要借用美國哲學家密爾頓‧梅洛夫（Milton Mayeroff）的話，具體地解釋這種對未來的希望。梅洛夫是一位研究如何通過專心一志的關懷令人自強的哲學家。

他說：「我希望通過自己的關懷，能為對方帶來希望……這種希望近似春天到來時的感覺……這種希望所意味的，並非未來才有充實而現在沒有，相反，這是一種現在的心靈豐富的表現，一種對將來充滿希望的心態。」（《關懷的力量》，*On Caring*）

重要的是，希望並非一張未來的空頭支票。現在這一瞬間能感到生存的充實感，眼前就展現着希望。

日蓮大聖人以自己的貧賤出身為榮，畢生站在苦於社會弊害的民眾一邊。他把這種生命的潛能說成「如水底之石有火，如百千萬年之闇室，入一燈即明（如水底的石頭也可以生火，百千萬年的黑暗也能因為一盞燈火而光明）」（〈覆妙法女居士書〉）。過去的境遇如何不重要，覺醒自己本來的尊嚴，為改變現狀挺身而起的瞬間，就變成能以希望之光照亮周遭的堅強的人。

無論多大的希望，假如需要等待至久遠的未來才可以實現，那就很難令人一直振奮自己直到達成。若說還要以自己成功的轉變帶來周遭的變革，更是難上加難。只有如剛才所說的，擁有像等待「春天到來」的心情，才能令自己

天天喜悅和自豪地去孕育希望的種子，進而通過自己的轉變給周圍社會帶來變革的波動。

這一觀點不限於人權文化領域，在建設可持續社會上也極為有益。我在去年6月於巴西里約熱內盧舉行的「里約+20」聯合國可持續發展會議上發表題為《通往可持續發展的地球社會大道》的倡言，曾指出「在指向更美好的未來當中，現在的狀況也會變得更為美好」這種兩者並重的努力的重要性。不單是未來，現在的生活也要充滿希望。回想一下開首引用的歌德的話：「每一步本身就是終點，也是通往終點的一步」，就會知道重要的是一步一步都有着「終點」的價值，要以有價值的每一步來挑戰變革時代。我認為向2030年的宏偉挑戰的成功與否，關鍵就在於能否在各地落實從「自強」邁向「發揮領導力」的變革。

● 誓要頌揚並守護多樣性到底

最後的第三個指標，是「誓要頌揚並守護多樣性到底」。

我長年來和不同民族、宗教背景的世界有識之士對話，強烈感受到我們在尊重世界的多樣性過程中，能通過認識對方來重新審視自己，令彼此的生存意義更充實。

當今世界的全球化傾向和資訊化社會兩大潮流，飛躍地增多了不同文化背景的人對話和交流的機會，瞬間交換意見的手段也大為發達。另一方面，受到經濟發展的影響，這兩大潮流逐漸同化了各地文化，而日益增加的移民和原

來的居民之間的文化磨擦又助長了憎惡和排他的情緒。為此，本來能豐富我們生活的多樣性和差異，卻變成被攻擊的對象，或分化社會的藩籬，甚至發展為暴力或糾紛，威脅到人的生命尊嚴。

聯合國教科文組織在 1989 年通過了由一群國際科學家起草的《關於暴力的塞維利亞聲明》(The Seville Statement on Violence)，指出戰爭和暴力是「因遺傳基因而成為人的本性」，或「由人的本能所引起」的觀點完全沒有科學根據。

我完全同意這一判斷，但實際上要斬斷糾紛和暴力的連鎖，我們確實需要超越數之不盡的艱難險阻。那麼，究竟是甚麼令人如此酷愛戰爭和暴力呢？

釋尊把不能接受他人和自己的生命同樣是無限尊貴的這種生命狀態稱為「無明」（根本性迷惑），指出它就是引起所有戰爭暴力的元兇。在釋尊時代，印度各部族經常為爭奪水源或其他資源而發生糾紛，或國家間爭奪勢力而引發暴力衝突。

釋尊稱之為「插在人心中一支無形的箭」，也就是根本的迷惑。正由於人被這支無形的根本迷惑的箭射穿了心，所以會無法掙脫自我中心的執着。

釋尊說，對峙的一方就像「在淺水中掙扎的魚」，雖然是同樣地焦急，但由於心中被陰霾掩蓋，看不到對方其實和自己一樣有着同樣的苦惱，例如由於水源缺乏而困苦，或害怕被他國攻打而終日不安等。

所以釋尊在教導不殺生時訓諭：「一切懼刀杖，一切皆愛生，以自度他情，莫殺教他殺。（一切眾生皆畏懼刀杖，一切眾生皆珍愛生命。推己及人，不應殺害他人，或唆使殺害他人。）」（《法句經》）

這裏有兩個重要觀點。第一點，不是受外在規則的管制，而是「推己及人」，通過內省來想及他人的痛苦和境遇而自律。第二點，「不應殺害他人，或唆使殺害他人」，不但自己不殺，還要誠心誠意地通過對話引發他人生命內在的善性，促使對方也和自己一樣誓不殺生。

佛典中有個故事介紹釋尊通過內省和對話來改變鬼子母神的生存方式。

據說鬼子母神有數百到數千的孩子。她殺奪眾多他人的孩童來養育自己的孩子。人民向釋尊控訴鬼子母神的罪狀，希望釋尊解救。釋尊心生一計，為了讓鬼子母神明白自己所犯的罪惡，把她最疼愛的小兒子藏起來。鬼子母神花了七天七夜到處找也找不到，最後她聽說釋尊具有通曉萬事的能力，憔悴不堪地來到釋尊跟前，哀求釋尊幫她找尋兒子下落。

釋尊對她說：「你不是有很多孩子嗎？現在只失去一個就那麼痛苦，有沒有想過只有一個，或者三個五個孩子的普通人家，被你奪去孩子性命時會有多大痛苦呢？」

聽了釋尊的話，鬼子母神明白了原來自己一直讓其他眾多父母飽受同樣的痛苦，向釋尊許諾以後不再殺害他人

的孩子，釋尊終於讓她跟孩子重聚。之後，鬼子母神以維護所有人的孩子為使命，在《法華經》中立誓和其他鬼神一起保護為眾人幸福而行動的人。

日蓮大聖人說：「流轉門時是惡鬼，還滅門時是善鬼」（〈御義口傳〉），就是說，在《法華經》以前鬼子母神是一個惡鬼神，到了《法華經》的時候變成了善鬼神。

重要的是，不改原有姿態的鬼子母神一百八十度地改變了生存的方式。當她對自己身份的定義從「鬼神」轉向「母親」時，首次設身處地感受到其他失去子女的母親的痛楚，而立誓「絕對不讓他人再嘗到自己現今的痛苦」。

● 身份的多層面性質

經濟學家阿馬蒂亞‧森 (Amartya Sen) 博士指出，一個人不但屬於某個民族或宗教，還具有無數自我定義的因素。這種「身份的多層面性質」(the plurality of our identities)，正是阻止現代的人不被群體心理或暴力煽動所支配的關鍵。森博士從小就目睹由於「宗教不同」的理由，很多人犧牲於糾紛中。他感到非常心痛，一直努力研究如何防止這種悲劇發生。

他警告說：「就算是暗示也好，只要主張人的身份是單一、沒有選擇的餘地，就不但貶低人的存在價值，更令世界處於一觸即發的危險狀態。……在問題眾多的世界中，假如冀求和諧共處，就要依靠人身份的多層面性質。身份

多層面的性質相互縱橫連結，可以對抗那種憑藉刻板強硬的標準，一成不變地把一切事物劃分歸類的作法。」(《身份與暴力》，*Identity and Violence*)

即便屬於同一民族，有着同樣信仰，但每個人的出身不同，職業和興趣也不同，信條和生存方式也不同。人類千差萬別，這就是世界的真實面貌。雖然民族或宗教有所不同，但作為人與人之間的關係，很多時候各種各樣的身份會交錯共鳴。這樣，正如森博士的洞察，人能超越看似不能抵抗分裂的藩籬，產生友情和共鳴。

我和世界有識之士展開「文明之間的對話」、「宗教之間的對話」，除了一起探討如何解決地球的問題、一起展望人類未來之外，還經常問及他們的家人、出身、青春的回憶、以往的人生路程等。這是因為我要突顯在民族或宗教這些大前提之下很容易被忽視的「這個人獨有的人生觀、使他如此行動的信念」等等。通過對話，要和對方奏響兩人共鳴但獨一無二的生命交響樂，尋找如何令這世界變得更具人性、更富有人情味的方法。在這交響樂中，最容易引起歧視的民族或宗教等差異也通過相互所顯現的「最美好的自己」變成難以代替的寶貴旋律。

有關這一點，讓我想起一位與森博士有非常相似觀點的哲學家漢娜‧阿倫特 (Hannah Arendt)。她曾寫道：「不管我們如何被世界的事物所影響，如何深受感動和刺激，只有通過和夥伴討論這種感覺時，才會感覺到其中的人

性。」(《黑暗時代的人們》，*Men in Dark Times*) 她進而解釋這裏的「夥伴」，並非指同胞或朋友，而是指持有不同見解的人之間的友情。正因為有差異，所以能通過對話而為世界添加人性，正因為有如此的友情，每個人的生命才會被世界的多樣性添加色彩。

差異是多樣性的源流，在現今社會裏逐漸變成了「排他的記號」，成為分化的主角。只有心意相通的友情，才能阻止它，在充滿憎惡與暴力的「戰爭文化」洪流中，維護人性中同感、同苦之心。

上述的《關於暴力的塞維利亞聲明》是一個開端，聯合國一直以來努力推進建設「和平文化」，幫助人類脫離「戰爭文化」的束縛。SGI 不但在「世界兒童和平與非暴力文化國際十年」(2001-2010 年) 期間，甚至現在也舉行各種展覽及其他啟蒙民眾意識的活動，進行對話。

為了讓「和平文化」在全球各地落實，必須耐心把憎惡和對立的根一棵一棵地拔掉。雖然如此，同樣作為人，我們都具有能感同身受、關懷他人的「內省」力量，對任何人都能夠架起對話的橋梁，握有無論多麼荒涼的土地都能開墾的名為「友情」的鐵鏟鋤頭。

日蓮大聖人說：「喜者，自他共喜也。」(〈御義口傳〉) 在「和平文化」沃野上培育的友情，會令人對於活在同一世界上的他人的存在感到喜悅，無論有多大差異，也會堅守、維護彼此的生命尊嚴。

我提出了上述三點，作為建設基於尊重生命價值的文明指標。把這三點指標，對照我在哥倫比亞大學教育學院的演講《探討「世界公民」的教育》(1996年6月) 所提出的作為世界公民的條件，可以歸納為如下三個特質：

1. 關懷他人苦惱的「慈悲」
2. 認識生命平等與可能性的「智慧」
3. 任何差異都作為提高人性之機緣的「勇氣」

只有認識到全人類都具備這些特質，才能開始建設和平共存的地球社會。

我認為社會對二十一世紀宗教要求的使命，就是去開發人生命中的潛能，讓「尊重生命」的潮流在社會中脈動，孕育出如此的民眾網絡。

以「為世界的孩子建設和平文化」展覽（2004年2月，紐約聯合國總部）為首，SGI 通過舉辦展覽和研討會等，在社區和社會上擴展「和平文化」。

● 制定禁止使用核武器條約

以下，我要就如何「禁止與全面廢除核武器」、「建設人權文化」這兩個課題提出一些具體方案。

第一個課題，如何禁止與全面廢除核武器。

如上述《浮士德》的話，核武器是現代的「快劍」。

正如歌德在書中敏銳地形容人追求「快劍」的心理，法國哲學家保羅・維里勒奧 (Paul Virilio) 也從「速度」的觀點考察了現代文明所面對的各種問題。他在著作《速度與政治》(*Speed and Politics*) 中指出：「核武器和它所代表的整個軍備系統的危險，比起在外界爆炸的危險性，更為危險的是它的存在，和在我們內心的爆炸。」

當然，核武器的使用會帶來無可收拾的災害是無庸贅言的。維里勒奧要強調的是，無論我們使用核武器與否，世界也在核武器的威脅下顫抖。這種異乎尋常的狀態，以及這狀態長久化會對社會帶來不良的精神影響。世界在議論持有核武器的是與非時，總是注目於維護安全，而經常忽視維里勒奧的觀點。維里勒奧就世界的現狀說：「核威脅，作為以其他手段來進行的全面戰爭的延續，標誌着戰爭與和平之間的差別已經不復存在。」(《走向自殺的世界》，*Ground Zero*)

● 戶田城聖的《禁止原子彈氫彈宣言》

約半個世紀前，東西冷戰激發了一場研發核武器競爭。1957 年 9 月，我的恩師、創價學會第二代會長戶田城聖發表了《禁止原子彈氫彈宣言》，指出持有核武器是對生命尊嚴的重大冒瀆，絕對不能允許，要徹底消除。

戶田會長在宣言中說：「現在，世界各地雖然開展着一連串禁止核試驗或原子彈氫彈試驗的運動，但我更要把隱藏在其背後的魔爪除掉。」除了申訴禁止核實驗的重要性外，還指出從本質上解決問題，重要的是要消滅根絕容忍持有核武器的思想。

核武器除了能瞬間消滅整個城市、不區別士兵與非士兵大肆地殘害人的性命、對生態影響深刻以外，爆炸後也會令人們飽受後遺症的痛苦。廣島和長崎因原子彈轟炸，令市民深受慘無人道的痛苦，是一清二楚的事實，但現在世界上仍然繼續容忍擁有核武器。這究竟是怎樣的一種思想？

我認為這是一種將人推至全面戰爭邊緣的心理狀態。只要屬於敵方，決不會考慮對方是誰和其中的關聯性，就要把對方全部殲滅。這是對「生命尊嚴」的最大否定。

這裏完全缺乏哲學家阿倫特所說的「準備與他人分享這世界」的心，只冷酷地認為他人是「不值得一同分享喜悅」。佛法上說，這就是產生自「元品無明」這種從基本輕視並破壞他人生命的衝動。

所以戶田會長宣言誓要剷除允許持有核武器這「隱藏在其背後的魔爪」，甚至主張「無論是哪個國家，無論結果取得勝利或失敗，只要是使用了原子彈氫彈，就應該判其死刑。」

　　一貫反對死刑的戶田會長，為何會主張對使用核武器的人處以極刑呢？那是因為他要明確指出「無論是哪一個國家，有任何的理由，也絕對不允許使用核武器」這一思想，否定以人民的生存權利作為人質，企圖保護一國安全的核武器持有理論。

　　當時處於東西冷戰之中，對方陣營究竟持有多少核武器是國家最大的關注點，而戶田會長不管一國的利害關係或意識形態，以「世界公民」之名指出核武器是現代文明的「一凶」，呼籲徹底把它廢除。

　　時至今日，在核擴散進展的潮流中，一般會注目於如何防止其擴散。當然這是當務之急，但我們也絕不要忘記戶田會長在《禁止原子彈氫彈宣言》中所指出的持有核武器問題的本質。

　　有關此點，聯合國秘書長潘基文曾警告說：「看到有一部分人持有核武器，其他人也會想要擁有該武器。這樣會促進核擴散，也會令傳染力強的核威懾理論蔓延。」不找出為何這些理論會蔓延的根源，只是討論如何防止的策略，不但沒有實際效果，而且有可能招來更廣泛的核擴散。

● 明確指出核武器的不人道

以 2010 年《不擴散核武器條約》(Nuclear Non-Proliferation Treaty) 締約國審議大會為契機，基於核武器的不人道，開始了禁止核武器的運動。

《不擴散核武器條約》審議大會的《最後文件》中有如下一節：「審議大會對使用核武器造成的人道主義的災難性後果深表關切，重申各國在任何時候都必須遵守適用的國際法，包括國際人道主義法。」

在 2011 年 11 月的「國際紅十字與紅新月運動」(International Red Cross and Red Crescent Movement) 代表會議上，通過了要求完全禁止使用核武器的決議。2012 年 5 月，在為下次《不擴散核武器條約》審議大會的籌備委員會上，以挪威、瑞士等為首的十六國發表《共同聲明》，針對核武器的不人道表明立場。《共同聲明》中指出「即使冷戰已經結束，核武器所帶來的消滅人類的威脅，依然是二十一世紀國際安全局勢的一部分，令人非常擔憂。」並呼籲：「最為重要的，是在任何情況下，也絕對不允許再次使用如此的武器……所有國家，都應該加緊努力，使核武器非法化，實現無核武器的世界。」2012 年 10 月，這《共同聲明》經過若干修改，由三十五個成員國及觀察員國遞交聯合國大會第一委員會。

今年 3 月，基於這個《共同聲明》，將在挪威的奧斯陸

召開以「核武器在人道層面所帶來的衝擊與影響」為主題的政府級國際會議，研討核武器使用後的即時和長期性影響，以及在這時期進行人道救援的困難。9月將在聯合國召開以核裁軍為主題的高級別會議。

我曾在 2012 年的倡言中提出，以志願國家及非政府組織為中心成立一個以禁止核武器為目的的《核武器公約》（Nuclear Weapons Convention）行動小組。希望通過這些會議，帶動禁止核武器的趨勢，擴大贊成《共同聲明》的成員，盡可能於今年內，從不人道觀點開啟《核武器公約》的成立過程。

今後的關鍵，就是依存在「核保護傘」下的國家的動向。

簽署《共同聲明》的成員國中，除了有隸屬無核武器區的國家及立場中立的國家，還有北大西洋公約組織加盟國、同樣處於「核保護傘」下的挪威和丹麥，而且這兩個國家還積極參與《共同聲明》的草擬。

我希望作為美國同盟國、同樣處於「核保護傘」下的日本，從不人道主義的觀點，也應早日成為要求禁止使用核武器陣營的一員，與其他國家攜手合作，實現一個無核武器的世界。

要放棄「由於存在着核武器的威脅，所以只有繼續以核武器來對抗」的想法，作為唯一的被轟炸國家，日本應高舉「不會因持有國有所不同，而有好的核武器與壞的核武器之分」，努力推進禁止核武器條約的成立。

我之前引用了釋尊的話：「推己及人，不應殺害他人，或唆使殺害他人。」有關核武器，廣島和長崎的民眾通過自己遭受轟炸的體驗，一直對全世界呼籲「絕對不讓任何一個國家成為被核武器攻擊的對象」、「絕對不讓任何一個國家以核武器攻擊他人」，所以我一直期望日本能成為禁止再次發生核武器慘劇的先鋒。

具體來說，日本應該表明不依存核武器保護的決意，通過緩和區域的緊張狀態，掀起「縮小核武器作用」的潮流，努力在東北亞設置「無核武器區」，為實現全球廢除核武器作出貢獻。

● 2015 年舉辦無核世界擴大首腦會議

實際上，現在甚至在有核武器國之間，對於核武器有用性的想法也開始有所變化。

2012 年 3 月，美國奧巴馬總統在訪問韓國首都首爾時的演講中說：「我的政府在核武器問題上所持有的態度是，我們從冷戰時代繼承過來的龐大核武器庫，不能應對現今包括核恐怖主義在內的威脅。」（《奧巴馬總統在韓國外國語大學的演講》）

2012 年 5 月，在 NATO 北約峰會上通過的文件也表示「出現需要考慮使用核武器的狀況的機率微乎其微」。（《威懾和防禦戰略報告》，*Deterrence and Defence Posture Review*）

雖然兩方面都沒有表示要改變以「持有核武器」為前提

的核威懾政策，但都顯示出現實上以核武器為主要保衛國家安全手段的必然性有所降低。

從其他角度也陸續對核武器問題有所改觀。例如英國，由於世界性經濟危機接連發生，更新潛水艇的三叉戟戰略核導彈系統（Trident nuclear weapon system）裝備演變成財政問題引起爭論，而其他國家也陸續提出應否繼續負擔核武器龐大支出的問題。

據估計，世界整體的核武器年度支出約為一千零五十億美元（Govts Boost Nukes While Cutting Aid, Social Services）。若把這龐大資金用於各國的福利、教育和保健事業，或用以支持各國的發展計畫，不知能維護多少人的寶貴性命和尊嚴。擁有和維持核武器令世界一直負擔着龐大的經費。

2012 年 4 月，由國際防止核戰爭醫生組織（International Physicians for the Prevention of Nuclear War）和社會責任醫師組織（Physicians for Social Responsibility）共同發表了核戰對生態影響研究結果的報告《億萬人面臨的風險：局部核戰爭對農業、食品供應和人類營養的全球影響》（Nuclear Famine：A Billion People at Risk）。報告指出假如有核武器國之間發生小規模核戰爭，預測會引起重大的氣候變化，甚至遠離現場的地區也會受影響，導致大規模饑荒發生，約十億人受害。

SGI 一直以戶田會長的《禁止原子彈氫彈宣言》為原點，長年推進禁止與廢棄核武器運動。最近，基於以上的

各種觀點，和國際廢除核武器運動（International Campaign to Abolish Nuclear Weapons）合作，製作了題為「你所珍惜的一切——共創無核武器的世界」展覽。

這個展覽於 2012 年 8 月首次在廣島展出，內容不但包括從政治、軍事的觀點來看核武器，還從其不人道主義性、人類安全、環境、經濟、人權、社會的性別歧視、科學等多個側面來論述這個走進死胡同的核武器問題。

展覽的主要目的，是希望通過對大眾所關心或擔心的各個問題加以分析，讓每一個人都能把核武器這問題當為切身問題來考慮，藉此來擴大謀求「無核武器世界」的聯合陣線。

我們 SGI 之所以在長達半個世紀的期間一直參與廢除核武器運動，是因為核武器的存在本身就是對生命尊嚴的最大否定。通過實現禁止和廢除核武器，我們希望把「為了保衛國家安全，可以不惜犧牲其他多數民眾及地球生態環境」這種最為不人道的思想連根拔掉。除此以外，還有一個目的，就是要從環境、人權等剛才舉出的各種不同的角度，來突顯現代世界輕視了甚麼東西，要重新設計世界的構造，創造一個可持續發展的地球社會，讓所有人無論在現在或未來，均能過一個有尊嚴的人生。

為此我有三個提議。

第一，就是把裁軍作為「可持續發展目標」的一個主要課題，在 2030 年為止要達成的目標中，加進「把全世界的

軍費減半（以 2010 年度軍費為比較基準）」，和「完全廢除核武器及其他基於不人道主義等理由被國際法禁止的武器」這兩個項目。在去年 6 月「里約 +20」大會召開之際發表的倡言中，我曾提議加進「綠色經濟」、「可持續能源」、「防災及減低災害風險」等項目，現在更提議加進「裁軍」項目。

有關削減軍費，現在以國際和平局（International Peace Bureau）和政策研究所（Institute for Policy Studies）兩個非政府組織為中心在推進。而 SGI 作為重視裁軍人道活動的團體，也準備參與這項活動。

第二，基於核武器的不人道，積極從各個不同角度對核武器進行檢討，廣泛地喚起國際輿論，開始《核武器公約》的磋商過程，以 2015 年為目標完成公約草案。

第三，在原子彈轟炸廣島長崎七十年之際的 2015 年召開八國集團首腦會議時，讓聯合國、八國集團以外的有核武器國、無核武器區代表國等共聚一堂舉行「為了實現無核武器世界的擴大首腦會議」。可以的話，讓 2015 年主辦國的德國和 2016 年主辦國的日本對調，使首腦會議能在廣島和長崎召開。

迄今為止，為了讓首腦會議能在這兩個被原子彈轟炸的地方舉行，我曾提議 2015 年的《不擴散核武器條約》審議大會在廣島或長崎召開。雖然如此渴望，但由於是超過一百九十個國家參加的大規模會議，按照慣例一定是在聯合國總部舉行，所以難以實現。既然如此，我重新提議於審議

至今 SGI 一邊因應時代的狀況製作有關傳達原子彈帶來的悲劇、申訴冷戰後無核的指標、根據人類安全保障考察核問題等展覽，一邊於各國推進意識啟蒙。2012 年 8 月新展覽「無核武器的世界網絡 ── 勇氣與希望的選擇」於廣島國際會議廳首次展出。

大會幾個月後召開的八國集團首腦會議上繼續討論，並把會場移到廣島或長崎。

　　剛才提到奧巴馬總統在韓國的演講，其中有一段話讓我心感共鳴。他重申 2009 年 4 月在捷克共和國首都布拉格演講 [5] 時所說的信念：「我相信美國有特別責任去行動。這

5　2009 年 4 月，美國奧巴馬總統在捷克共和國首都布拉格發表演講時表明，作為有核武器國，以及唯一使用過核武器的有核武器國，美國有道德上的責任去行動。他還呼籲各國攜手締造無核武器的世界。作為有核武器國的元首，奧巴馬總統談及對核武器的道德責任，備受世界矚目。

是道德上的責任。這是我作為過去曾經使用過核武器的唯一國家的總統而說出的。」

接着，他說：「最重要的是，作為一個父親，為了讓自己的兩個小女兒成長在一個不會被瞬間奪走一切所知所愛事物的世界而說出的。」

尤其後面這段話，正是超越了不同國家的立場，作為一個人的肺腑之言，遠遠超過所有政治因素及安全需求，充分表現出他對世界應有的形態的渴求。我認為，這正好為「維護國家安全」和「擁有核武器」這兩個長年難分難解的項目提供一個解決的契機。

對於商討如何解決核武器問題，沒有其他地方能比廣島和長崎更適合的了。繼 2008 年在廣島主辦八國集團下院議長首腦會議之後，一定要實現在廣島或長崎召開世界首腦列席的「擴大首腦會議」，讓世界潮流奔向「無核武器世界」的同時，也作為邁向 2030 年世界裁軍潮流的出發點。

● 建設人權文化

第二個課題，就是建設人權文化。

正如剛才提出的「禁止和廢除核武器」是聯合國大會上首次通過的決議主題，「人權」也是自聯合國創立以來的一個主要項目。

《聯合國憲章》草案中，有關人權的規定極為少數。

1945 年舊金山的制定會議上，很多代表提出，假如把它作為和平的基礎，便要誠實和正確地設立這基礎。非政府組織也相繼要求作出明確規定。結果，在《聯合國憲章》第一條明確表明了聯合國主要目的在於維護人權，還明確記載要設置專門委員會來商討。

翌年的 1946 年設置了人權委員會（Commission on Human Rights），即現在的人權理事會（Human Rights Council）前身。兩年後的 1948 年通過了《世界人權宣言》。作為人權委員會首任委員長參加起草工作的埃莉諾·羅斯福（Eleanor Roosevelt）預言這宣言將會成為「在所有場所對所有人而言的《大憲章》(Magna Carta)」(Address to the United Nation General Assembly)。正如她所言，《世界人權宣言》對世界許多國家的人權規定有極大影響，也成為制定各種人權條約的理念基礎，一直鼓舞着為人權行動的人們。

今年 2013 年迎來該宣言六十五週年。從制定人權基準和整備保障與救濟權利制度等方面來看，現今的國際社會開始越來越重視建設人權文化。

人權文化的目的，在於讓整個社會孕育和培養維護人的尊嚴的風氣，提高每個人的意識，以加強只靠規範和整備制度難以實施的人權保障。

這與我在這倡言中提倡的，要建設重視尊重生命價值的文明，就非得使人覺醒到每一個人也不能取代，要予以

維護珍惜，並且讓這樣的思潮脈動於整個社會不可的想法是同出一轍的。

● 建設和平文化需解決的課題

聯合國通過了由 2005 年開始的《世界人權教育計畫》（World Programme for Human Rights Education），一直致力於人權文化的建設。我提議，今後不但要加強推進，還要把它作為邁向 2030 年的「可持續發展目標」的支柱，與上述的裁軍一起加進人權的範疇。基於這一點，我完全同意去年 6 月，基於「里約 +20」大會的成果，聯合國人權事務高級專員納瓦尼特姆・皮萊（Navanethem Pillay）所指出的「我們需要確保可持續發展目標框架，是一個人權的框架」（Rio+20 Outcome）這一觀點。

站在「建設人權文化」的觀點上，我提出把如下兩個專案加進 2030 年目標之中。第一就是為了讓苦於極端貧窮的人重獲尊嚴的生活，在所有的國家設定「社會保障最低標準（Social Protection Floor）」。

雖然《世界人權宣言》也提到了有關維護生活水準的權利，但在世界上仍然有大部分人口得不到最低生活水準的社會保障，過着苦不堪言的生活。尤其近年，世界經濟危機給僱傭、保健、教育等範疇帶來重大的打擊，為此，聯合國在 2009 年設立了「社會保障最低標準倡議」。

一直以來，國家政策着眼於整備「安全網」來處理這些

問題。但擔心出現「漏網之魚」，聯合國提出了新的「社會保障最低標準」概念，盡可能讓所有的人能夠度過有尊嚴的人生。

要讓世界上所有的人能確實地受惠於「社會保障最低標準」實不容易。但基於聯合國有關機構的計算，只限於保障最低限度的收入和生計，任何發展中國家都能夠負擔，現在約有三十個發展中國家實施此計畫。

聯合國人權理事會也關心極端貧窮與人權的問題，去年 9 月通過了處理這問題的指標，包括讓屬於極端貧窮的人有決定自身生活的「推動力和自主權」(agency and autonomy)、「參與和自強」(participation and empowerment)等原則。理事會也提出了削減貧窮與消除社會排斥的總括性計畫，以及呼籲各國制定以極端貧窮人口為重點的政策。

孟加拉鄉村銀行 (Grameen Bank) 創始人穆罕默德・尤努斯 (Muhammad Yunus) 曾說：「因為貧窮完全剝奪人們掌控自己命運的能力，所以是否定人權的至極因素。」(Creating a World Without Poverty) 正如他所說，由於貧窮腐蝕人性尊嚴的基礎，所以要緊急處理。

尤其令人擔憂的是年輕人的處境。國際勞工組織 (International Labour Organization) 指出，世界青年人口有 12% 處於失業狀態，有兩億餘人被迫幹一天不夠兩美元工錢的工作（《2012 全球青年就業趨勢》，*Global Employment*

Trends for Youth 2012),警告説「不即時採取有效行動的話,地球社會將面對『迷惘的一代』(Lost Generation)帶來的嚴重後果」(《青年就業危機:該行動了》, *The Youth Employment Crisis*)。

年輕人失去希望的社會沒有可持續的未來,也培育不出人權文化的風氣。所以,我們要加緊認識到,只有確保「社會保障最低標準」,才可以談可持續發展和人權文化。

● 馬丁·路德·金人權鬥爭的主要目標

第二個項目,在所有國家普及人權教育和人權培訓。

在倡言前半部分,我強調要開闢道路,使處於任何境遇的人都能通過與他人的接觸和社會的關心,重獲生存希望和尊嚴。説到人權,除了設置保障人權和救濟措施等法律制度之外,還可以通過人權教育和人權培訓等啟蒙意識。

上面提到的人權教育影片《邁向尊嚴之道 —— 人權教育之力》,介紹了人權受侵害的受害者以及有可能成為加害者的人們通過人權教育而發生變化的例子。

一個苦於被歧視的少年,在學校接受人權教育之後,當看到覺得奇怪的事時,能夠鼓起勇氣指出甚麼是錯。當他聽説鄰家的女孩子被父母逼婚時,就去找她父母追問理由。聽她父母説由於家貧,少年拚命説出他們的想法是錯誤的,女孩子也需要接受教育,終於讓她能繼續就學。

在澳洲維多利亞州警署，所有警員都接受人權教育，之後在搜查、逮捕、扣留等方面減少了侵害人權的投訴，提高了市民對他們的信賴。

這部影片指出，當人覺醒到自己以及他人的生命尊嚴時，會在心中萌生對人權的意識和真實感，踏實地在社會上構築人權文化的基礎。

美國歷史學家文森特·哈丁（Vincent Harding）博士與我對談時，談到他的盟友馬丁·路德·金（Martin Luther King Jr.）的人權運動目的，是「不但要終止不正當和壓迫的行為，還要創造一個新的現實」（《希望的教育　和平的行進》）。我認為建設人權文化的生命線，也正是「創造新的現實」。

在此，基於「促進可持續發展教育十年」（UN Decade of Education for Sustainable Development）[6]，參考聯合國大學的活動，我提議設立「為人權教育和人權培訓的區域中心」。現在，為配合這「促進可持續發展教育十年」，已經在世界一百零一個地方設置了「可持續發展教育區域專業中心」，並得到當地大學或非政府組織的支援，整個區域共同推進以可持續發展為目標的教育活動。

6　認識到每一個人與世界上所有的人、未來的世世代代、自然環境等有着唇齒相依的關係，為推進變革而進行各種教育活動的聯合國框架。在 2002 年的聯合國大會上通過，從 2005 年起生效。2014 年是最後一年，將在日本舉行總括十年間活動的世界會議。

池田 SGI 會長與美國歷史學家哈丁博士就「人權鬥爭的精神」進行多次對話。（1996 年 4 月，日本創價大學）兩人的對話輯錄成對話錄《希望的教育 和平的行進》，日文版於 2013 年 1 月出版。

　　我提議，人權教育也實施同樣制度，不但是模範地區，而且積極把一些長久面對嚴重問題仍然拚命努力作出改善的地區列為對象，把當地如何改革「實際經驗過的歷史性深刻苦痛」的資訊公諸於世。如此，不但可以為境遇相同的地區帶來希望，也可以讓更多的世人理解孕育人權文化的重要，進而參與其活動。

● **各國修訂守護兒童權利**

　　第二點我要呼籲，為了讓孩子們成為建設人權文化的重要旗手，首先要改善他們的處境，在所有國家通過《兒童

權利公約》（Convention on the Rights of the Child）及其《任擇議定書》（Optional Protocols），整備關乎該公約的國內法令。

1989 年通過的《兒童權利公約》，現今獲得一百九十三個國家批准，是聯合國最大的人權條約。為防止嚴重違反而制定的《任擇議定書》加進了《關於兒童捲入武裝衝突問題的任擇議定書》，以及《關於販賣兒童、兒童賣淫和兒童色情的任擇議定書》。2011 年 12 月又通過了一份新的議定書，讓權利受到侵犯的兒童能直接向國際社會申訴。

但是有關協助它生效的國內法例，各國還遲遲沒有修訂，其意識在社會上還沒有充分滲透。實際上，兒童的權利被無視，甚或遭到嚴重侵害的情況屢見不鮮。

伊斯梅爾‧比亞（Ishmael Beah）曾作為兒童兵被迫參加獅子山（Sierra Leone）內戰，現在積極參與實現兒童權利的活動。由於我一直關注並呼籲禁止兒童當兵，他的一段話令我難忘。

他十六歲時到聯合國參加會議，首次知道有《兒童權利公約》。他說：「我至今仍記得，瞭解有關《公約》的知識，尤其是對我們這些來自被戰爭破壞國家的孩子來說，無異於重新喚醒了我們生活的價值和人性。」（The State of the World's Children）

他繼而說：「我的生活也因第十二項和第十三項條款而變得充實，這兩項條款要求確保兒童和青少年在影響他們

的事務中充分發表言論的自由，通過各種媒介『尋求、接受和傳遞各種重要資訊』。這些條款幫助許多兒童積極參與尋求影響他們的問題的解決方法。」（同上）

正如比亞的經驗所顯示，《兒童權利公約》能協助孩子自覺其尊嚴，為他們帶來生存的希望，所以我呼籲在各國確立維護公約的風氣，在整個社會樹立「愛護兒童」的原則。

在這種氣氛中培育的年輕一代，當他們成為社會主角時，也會以同樣的心懷去愛護、培育下一代。正如成為該公約淵源的 1924 年制定的《日內瓦兒童權利宣言》(Geneva Declaration of the Rights of the Child) 序言中所述：「人類有責任給兒童以必須給予的最好待遇」。只有將這一崇高誓約確立為代代繼承的潮流，人權文化才會成為支撐社會的機軸。

● 緩和緊張，加強日中關係

最後，我要就如何改善目前日本和中國的緊張局勢和未來的展望，談談我的想法。這和建設和平共存的地球社會也有着密切的關係。

去年是日中邦交正常化四十週年，但兩國之間的摩擦不斷加劇，造成前所未有的緊張局勢，甚至可以說，日中關係陷入戰後最壞的狀態。實際上，原本為紀念四十週年而召開的活動及交流計畫接連被擱置或延期，兩國經濟關係也大大降溫。

但是，我對於日中關係的未來絕不悲觀。因為如成語「滴水穿石」一般，日中友好是兩國前輩們從邦交正常化以前就開始一滴一滴地穿透阻礙在兩國之間的堅硬岩石所開闢的，是經過漫長歲月牢固積累的友好交流，不會不堪一擊。

我發表主張邦交正常化的倡言的時候（1968 年 9 月），人們甚至連嘴上說說跟中國友好都有所忌憚，在某種意義上也可以說，當時的狀況比現在還嚴峻。但是我堅信，不與鄰國友好，日本就沒有未來；日中關係不穩定，亞洲以及世界的和平也就難以實現。

兩國終於在 1972 年實現邦交正常化。我在倡言發表六年後（1974 年 12 月），訪問北京，會見了周恩來總理、鄧小平副總理。他們主張「不單中國人民，日本人民也是日本軍國主義的受害者」的胸襟令我深為感動，也讓我更加下定決心：「為了不讓戰爭悲劇重演，無論如何也要在民眾之間架設一座牢固的友誼之橋！」

時至今日，我一如既往地傾注熱情推進以年輕一代為主的友好交流。1975 年，我親自為第一批到創價大學留學的六名中國公費留學生擔任保證人。現在每年約有十萬名中國留學生來日本學習，約有一萬五千名日本學生在中國學習。

此外，兩國在文化、教育各個領域的交流逐漸擴展，兩國地方政府間締結的友好城市已達三百四十九個。2008

年四川汶川地震和 2011 年日本東北大地震時，兩國之間義不容辭地互相幫助。雖然日中關係至今並非一帆風順，曾多次發生摩擦，但兩國友好的水脈着實提高了水位。

每一滴令這水脈增高的心血，完全是通過面對面、心連心的交流所培育起來的友情結晶，即使面臨甚麼樣的考驗或困境也不易枯竭，而且絕不能使其枯竭。

1990 年 5 月，我在北京大學講演時，曾呼籲：「不論兩國之間產生怎樣迂迴曲折的局面，我們都決不能鬆開這條友好紐帶。」(《教育之路、文化之橋》) 如今不正是面對這樣的一個關鍵時刻嗎？

池田 SGI 會長於北京大學進行第三次紀念演講，訴説他一貫的信念：「雖然眼睛看不見民眾與民眾之間的心的紐帶，但是正因為看不見所以強韌。」(1990 年 5 月)。

在政治和經濟領域出現大大小小的風波是歷史常情，也許安安穩穩、風平浪靜反倒是例外。因此，重要的是遇到任何局面，雙方也徹底堅守《日中和平友好條約》（1978年）中承諾的「不訴諸武力和武力威脅」、「不謀求霸權」這兩點。

只要堅守這些原則，哪怕花費些時間，也必定能找到解決困難的途徑。與一帆風順相比，逆境時更可能成為真正鞏固兩國之間友好紐帶的契機。

● 堅持進行敞開胸襟的對話

為跨越目前的困局，我提議雙方重新確認並堅持《日中和平友好條約》這兩個承諾，並儘快設置高層對話平台，以避免事態更加惡化。

首先要達成共識，「停止任何促使緊張局勢加劇的行動」，然後通過不斷的對話，重新檢討造成此次對立的前因後果，冷靜地分析雙方如何看待彼此的行動，並作出了怎樣的反應，共同努力制定今後避免危機的規則。當然，對話過程中難免有激烈爭論的場面。但是，沒有這一思想準備，不但難以恢復兩國關係，連亞洲安定以及世界和平都將離我們越來越遙遠。

冷戰結束後不久的 1990 年 7 月，我有幸會見蘇聯戈爾巴喬夫總統。記得我開口第一句就說：「今天是來和總統吵架的。為了人類，為了日蘇的未來，即使火花四濺，也甚

麼都直言不諱吧！」之所以如此開門見山，是想讓總統知道，在日蘇關係處於不明朗之中，我不期望止於禮節性的會見，而是要互相說出真心話。

狀況越嚴峻，推心置腹的交談越重要。在和平共存的大前提下，從真摯意見迸出火花的對話，必須透過窺探隱藏在各自主張背後的真正心情，即「對方擔心甚麼，最重視甚麼」這個過程。

基於這種想法，我呼籲及早決定日中首腦今後定期舉行會談。

本月適逢法國和德國簽訂《愛麗舍宮條約》(Élysée Treaty) 五十週年。法德兩國之間過去曾有過多次交戰的歷史，但自從按該條約規定，每年舉行兩次首腦會談，四次外交、國防、教育部門的閣僚會議後，兩國關係變得越來越緊密。現今日本和中國面臨着前所未有的困難局面，也應該制定相同的制度，創造出一個發生任何事情兩國首腦都能夠見面對話的環境。

同時，希望在 2015 年之前能建構一個以「和平共處、為人類利益合作」為核心的新夥伴關係。作為具體構想之一，共同設立一個「東亞環保合作機構」。

改善環境污染符合雙方共同利益。我希望，通過這機構的活動，積極創出日中青年共同行動的機會，形成兩國為東亞地區和平與穩定，以及創造可持續發展的地球社會作出貢獻的潮流。

1968 年 9 月，我在《日中邦交正常化倡言》中呼籲，日本和中國青年攜手建設一個更美好的世界。通過以往種種形式的交流，我確信已經奠定了實現上述目標的基礎。

今後的焦點在於進一步積極地開展青年交流，把以往培育的友好基礎落實為具體合作。為此我們要放眼長遠的未來，一個又一個地開拓及整備兩國能互相合作的領域。我堅信，在積累這樣的挑戰之中，日中友好的紐帶定必世代相傳，堅不可摧。

● 民眾的團結

以上，我論述了指向 2030 年的理想和行動目標。推進建設一個和平共存的地球社會時，我認為不可或缺的是民眾的團結。

創價學會的初代會長牧口常三郎在他的著作《創價教育學體系》中指出，為建設更美好的社會挺身而起的人，往往會遇到挫折的背景：「善人自古以來必然受到強大的迫害，其他善人內心雖寄予同情，卻以為毫無實力而旁觀，因此善人被打敗。」「無力感的善人……雖然能夠成為社會的元素，卻不能成為凝聚力。」

為改變這個歷史悲劇，牧口初代會長和戶田第二代會長一起創立了創價學會，來構建一個不是「只顧自己生存」，而是為維護「自己和他人的生命尊嚴」而行動的民

眾團結網絡。現在，這堅固的民眾網路已經伸展到世界一百九十二個國家和地區。

2030 年對於推進「可持續發展目標」的國際社會來說，是重要的一年，正好是我們創價學會創立一百週年。面向 2030 年，我們 SGI 決心和指向建設和平共存地球社會的所有民眾與團體齊心合力，建設一個強大的全球性民眾團結網絡。

為變革地球
掀起創造價值的潮流

2014 年 SGI 日紀念倡言

為紀念 SGI 日 —— 國際創價學會創立日（1 月 26 日），我想和大家一起思考如何能把二十一世紀的潮流導向希望、團結與和平的方向，以及探討如何建設一個可持續發展的全球社會，讓所有人都能活得有尊嚴、備受尊重。

● 提高面對危機的預防與復原的能力

去年的世界經濟有着輕微恢復的跡象，各國的軍事預算也出現減少的趨勢。雖然有這明朗的徵兆，但另一方面國際上的糾紛和內戰所帶來的人道危機接二連三地發生，而自然災害和氣候變化也相繼帶來嚴重的禍害。

尤其是敘利亞局勢日趨嚴重，糾紛已進入第四年，二百三十餘萬人被迫逃亡到外國，而六百五十萬人迫不得已在國內過着逃難的生活。我衷心祈願儘早停戰，確保人道支援能順利進行，同時必須加強各方面的努力去恢復敘利亞的和平。

去年 11 月，史無前例的猛烈颱風吹襲菲律賓，造成六千餘人犧牲，約四百萬人成為災民。對於這樣的人道危機，為了阻止事態惡化，儘快救援被置於惡劣環境下的難民和受災人民，需要國際社會作出強力的支援。

近年來，由於自然災害和氣候變化所帶來的禍害越來越嚴重，除了呼籲國際社會加強支援，還要早日從「如何預防這樣的威脅」、「面對危機時如何應對，如何重建」等

觀點去考慮。為此，一些專家指出需要提高社會的「韌力」（resilience）。

「韌力」一詞本來多用於物理學範疇，指物質遇到外部壓力後要恢復原有狀態的「彈性」。現在套用於當遇到環境破壞或經濟危機等嚴重打擊時，使社會恢復原狀的「社會恢復力」。最近這概念在各個範疇備受矚目。

在自然災害範疇來說，就是指加強防災與減災（減低災害程度）等能抑制禍害擴大的「抵抗力」，和重視遇到大型災害時能克服眼前困境並指向復元的「恢復力」。

為此，一方面要加強建築物的抗震力，整備社會劣化的基礎設施，另一方面也要關注人的因素。如美國作家安德魯‧佐利（Andrew Zolli）和安‧瑪麗‧希利（Ann Marie Healy）寫道：「在我們訪問過的地方，社會恢復力強的地方，一定有一個堅實的社區。」（《恢復力》）

就是說，有必要在日常生活中培養起社區中的人際關係，築建堅固的人際網絡。這些無形的「社會資本」[1]，關係到從底層支撐着社區和社會的「人的意志和生命力」，是解決問題的關鍵所在。

1　一種於社會或社區中的信賴關係或人際關係的概念。積聚豐富的社會，由於能順利得到相互的信賴和協力，對經濟層面、教育、健康層面，以及幸福感方面都有良好影響。除了由政治學者羅伯特‧伯南進行了實證研究外，於各方面也進行了各種的研究。

有關這韌力的重要性，我與和平學者凱文・P・克萊門茨 (Kevin P. Clements) 博士在進行的對談中也成為話題。我們都認為，這不僅限於災害時的事後對策，甚至對於變革社會的根基方面，例如聯合國所呼籲從「戰爭文化」轉到「和平文化」的變革也有着重大的意義。

本着這個觀點，我認為不要把韌力這概念所包含的巨大可能性只侷限於「應對災害等威脅的能力」這範疇上，而要積極地把它擴展為「為開創一個希望的未來而應該發揮的能力」，發展為一個人們積極參與發揮的挑戰。就是説，不但是一種應對威脅的能力，也是一種以創造未來為目的、在任何社區無論是誰也能參與的「韌力強化運動」，通過這人類合力推進的大業，來建構一個可持續發展的全球社會的寶貴基礎。

● 湯恩比博士對我們寄予厚望

展望這遠大挑戰，令我想起二十世紀的偉大歷史學家阿諾德・J・湯恩比 (Arnold J. Toynbee) 博士所説的話：「我們的命運並非注定要讓歷史重演。我們可以通過自己的努力，以自己的方式，令歷史有一個前所未有的新變化。」（《經受着考驗的文明》，*Civilization on Trial*）

這裏所説的「令歷史有一個前所未有的新變化」究竟是指甚麼呢？我認為就是在每個人能力所及的範圍內，為了

人類、社會和未來，不斷地挑戰，創造出只有自己才能創造的價值。

在 2002 年對可持續發展問題世界首腦會議（World Summit on Sustainable Development）提出的倡言中，我呼籲「看似繞遠路，不過我確信一切還是要回歸到人，唯有從開拓、變革人的生命出發的『自身變革』，才是實現『地球變革』的王道。」

我們 SGI 所說的「自身變革」，是發掘每個人內在的無限可能性的自強過程，所以假如只侷限於個人的內在變化，就無法盡情發揮其真正的無限價值。從這「內在變革」所產生的勇氣和希望，昇華成為能改變嚴酷現實的創造價值的力量，才能掀起「社會變革」。只有這樣積累個人和社會的變革，才能一步一步踏實地走向解決我們現今面對的各種全球性問題的「地球變革」之路。

在邁向「地球變革」的路上，沉溺於苦海的人民重獲笑容，通過他們的自強過程，又引發無限的可能性，同心協力勇於向全球性問題挑戰。我認為通過微觀與宏觀的變革，雙管齊下地前進所掀起變革時代的浪潮，就是「創造價值」的挑戰。

這次，為了提高人民超越各種威脅的韌力，進而構築「可持續發展的全球社會」，作為其原動力，我要就以下三個觀點提出建議：經常以希望為出發點的價值創造、

團結一致解決問題的價值創造、喚醒自他善良本性的價值創造。

● 經常以希望為出發點的價值創造

2013 年 4 月，聯合國大會通過了《武器貿易條約》(Arms Trade Treaty)，是第一個管制常規武器進出口貿易的條約。其內容囊括從坦克、戰機等大型武器至小型武器及輕武器的常規武器。

跟《禁止地雷公約》(正式名稱為《關於禁止使用、儲存、生產和轉讓殺傷人員地雷及銷毀此種地雷的公約》，Mine Ban Treaty)、《集束彈藥公約》(Convention on Cluster Munitions) 一樣，這條約也是因為非政府組織 (NGO) 的大力推動和支持而得以通過的。這些充滿希望的例子，都證明了只要秉持明確理念，民眾齊心合力起來行動時，定能為歷史帶來嶄新的變化。

作為長年以來一直呼籲管制武器買賣的其中一人，我熱切期望這條約儘早生效，以避免侵害人權和殘虐行為的武器擴散。

現今的世界，糾紛和內戰頻頻發生，武裝勢力和犯罪組織的暴力行為橫行於世，肆意剝奪他人的性命，或令人終生留下身心的創傷。

巴基斯坦少女馬拉拉·優素福扎伊 (Malala Yousafzai) 為了爭取婦女接受教育的權利，而於兩年前遭塔利班槍手

企圖暗殺事件，就是其中一個例子。她頭部和頸部中槍，一度情況危殆，奇蹟般地幸獲生還後仍不屈於暴力，繼續堅持她的信念。去年 7 月，她在聯合國紐約總部上演講，透露了自己的決心。

她說：「我的人生沒有改變，唯一改變的就只是我的軟弱、恐懼和絕望已滅，而堅毅、力量和勇氣已生……我還是同樣的馬拉拉。我的抱負還是一樣，我的希望還是一樣，我的夢想也是一樣。」(《我是馬拉拉》)

之後雖然她仍然受到諸多恐嚇，但一步也不退縮，堅持自己信念的行動。支撐着她的是甚麼？是要為和自己同樣受到不合理的壓迫和待遇而苦不堪言的所有婦女和孩童們伸張正義，是要改善目前的狀況挺身而起的強烈意志。

每當遇到天災或經濟危機等突發威脅，或於日常中一直受到政治彈壓或壓榨人權等威脅，人會因過度的恐懼、悲愴或痛苦而陷入絕望的深淵，不知所措。假如我們讓這種絕望吞噬自己的心靈，陷於無能為力的狀態，不但無法解決問題，還會令同樣的威脅在各地陸續發生，而且益發囂張猖狂。

● 牧口常三郎重視人格價值

將第二次世界大戰時被囚禁在納粹集中營的悲慘體驗出版成書(《活出意義來》)的精神病學家維克托・E・弗

蘭克（Viktor Emil Frankl）博士説，能超越這種絕望的人性希望之光只有在「為了某種大義、為了某人而苦惱時」（《苦惱之人》），才會開始熠熠生輝。

弗蘭克博士描述當遇到苦難時，人的精神會如何應對：「重要的是，以甚麼態度去接受人生中無法迴避的命運的打擊，所有人到最後一口氣為止，都能爭取到體會生存意義的機會。」

弗蘭克博士把這種精神稱為「態度價值」（attitudinal value），就是指「無論在任何條件、任何情況之下，人生都有其意義」。本着如此理念面對苦難時，生命光輝會成為其他苦惱人群的勇氣明燈，正是一種「把個人悲劇變為人類勝利」的價值創造過程。

在弗蘭克博士遭遇到人生最大苦難的第二次世界大戰期間，於日本的思想統制下與軍政府對抗而被收監的我們創價學會初代會長牧口常三郎，也提出了與「態度價值」異曲同工的「人格價值」，指出傳授這價值觀應是教育最重大的目的。

他在出版自己的教育學説時，與同樣是教育工作者的弟子戶田城聖（創價學會第二代會長）商議，為這學説冠上「創價」二字，以表示創造價值的意思。這套《創價教育學體系》明年將迎來出版八十五週年。

牧口會長在書中舉出一個「人格價值」的例子，説這種人通常不太引人注目，但一發生甚麼事情時，周圍的人都

1930 年發行的牧口初代會長《創價教育學體系》，現已翻譯為英文、西班牙文、意大利文等多國語言，在世界擴展人本教育之光。

會說「幸虧有他在」等話，備受眾人景仰，在社會上常起到結合人心的作用。（《牧口常三郎全集》第五卷）

　　由於惡名昭彰的種族隔離政策，曼德拉被收監二十七年餘。他在獄中接到母親的死訊，以及妻子被逮捕、長子死於意外事故等噩耗。雖然悲慘的命運接二連三地襲擊，但他毫不屈服。他在寫給朋友的信中說：「希望是個強大的武器，即使失去其他的一切也無所謂。」（《與自己對話》）

　　之後在孫女兒誕生時，曼德拉先生為她取名為「Zaziwe（希望）」，一個一直支撐着他長達一萬日艱苦獄中生活的詞彙。他後來寫道：「我確信她會成為種族隔離已是遙遠過去記憶的南非新一代人的一員……這是我的夢想。」（《漫漫自由路》）他以堅強的意志，誓言要奮戰到這美夢成真為止。

我和曼德拉先生見過兩次面。雖然我們所走過來的路不同，但是建設一個「所有人的尊嚴都備受尊重的社會」是我們要耗盡一生實現的共同目標，這個話題令我們談得很投契。

　　讓我印象特別深刻的是，曼德拉先生認為開創出廢除種族隔離這歷史新篇章的並非他自己一個人的功勞，而是凝聚眾多人民努力的成果。1994 年 5 月，在他當選為南非總統之前，面對國民所講的一番話正顯示了他這信念。

　　「大家為了要使這個國家回歸人民之手，一直表示着穩重和堅毅的決心，所以現在能從屋頂上歡呼：『終於自由了！終於自由了！』」(同上)

1994 年 5 月就任南非總統的曼德拉於 1995 年 7 月訪問日本，與池田 SGI 會長闊別四年半再度會面，就構建讓人活得有尊嚴的社會交換意見（日本東京）。

從這一點來看，曼德拉先生的一生就是體現了「人格價值」的實例。那並非屬於某些特別的人，而是所有普通人都俱備並且能夠發揮的。另一方面，弗蘭克博士所提出的「態度價值」，則強調無論處於任何嚴厲的環境，只要一息尚存就可以發揮到底。這是在價值創造的挑戰中並存的兩種因素。

● 日蓮大聖人說出變革現實的法理

我們所信仰的佛法哲學教導我們胸懷「誓願」的生存方式，指出無論自己處於如何困難的環境，也能夠把這環境作為達成自己使命的場所，編寫出希望的人生劇本。

日蓮大聖人於十三世紀日本向當時的為政者高呼：「生於王地，身隨心不隨。」(〈撰時抄〉)顯示出他那不受任何環境所支配的尊貴自由精神。

當時的日本受到地震、颱風等天災侵襲，民眾生活於水深火熱之中。日蓮大聖人為了解救深陷苦海的人民，曾再三對當時掌權的幕府進諫，指出政道的錯誤。為此，日蓮大聖人儘管被襲擊、宣判死罪、二次流放，但仍宣稱「無一度退卻之心」(〈與日昭母妙一書〉)，為了解救眾生的苦痛而一步不退地堅持他的信念。

接踵而來的災難令人民差不多失去了生存的希望，但當時盛行的三種宗教還散布着令人完全喪失生存力氣的虛無思想。日蓮大聖人奮力對抗這些思想潮流，竭盡所能鼓勵被苦難折磨的人民，指出「如人倒地，還從地起」(〈法

華證明抄〉），申訴萬人的生命中都有能戰勝任何苦難的力量，為他們帶來勇氣。

第一種宗教是對於期望從痛苦環境脱身的人鼓吹厭世思想，指引他們到某個虛無縹緲的地方，就立即能夠解決問題和得到幸福。日蓮大聖人指責這種思想説：「非去此往彼也。」（〈御義口傳〉）又説：「云淨土，云穢土，土無二隔，只因我等之心有善惡耳！」（〈一生成佛抄〉），鼓勵人於所在的地方向苦惱挑戰，把絕望的「悲劇舞台」轉變為「使命舞台」，並通過自己向苦難挑戰的行動，讓遭遇同樣苦難的人們也受到鼓勵而重獲希望。

第二種宗教是一種無論社會發生任何悲劇都與自己無關，只重視自己的精神世界閉關自守的「逃避現實」思想。日蓮大聖人努力糾正這錯誤思想，指出於佛教中雖然也作為挽救沉淪於不幸的民眾的方便之説，但那都是為了指點他們放棄苦惱或迷惑等執着而有的一種暫時性教導，而非釋尊本意。

因此就《法華經・藥王品》中「離一切苦」這句經文，日蓮大聖人説「離」字應該解讀為「闡明」的意思。（〈御義口傳〉）就是説，不要否定眼前的事物，把它像不存在似的從自己的意識中排除出去，這樣不但令問題延續，也使情況益發惡化。應該勇於面對苦難，找出其發生原由，分析究明應如何解決，令社會不但回復到悲劇發生之前的狀況，還要比以前變得更和平幸福。

●「誓願」就是證明自己活着的別名

第三種宗教鼓吹人民屈服於現實，讓他們認為社會呈現的嚴重混亂狀態是難以改變的現實。日蓮大聖人痛斥這種想法，通過佛法的「如蓮華在水」法理，強調情況越混亂，人的生命越能夠湧現無窮力量來克服。

蓮花出淤泥而不染，開出美麗的花朵。如蓮花一樣，勇敢地投身於混亂的社會之中，一邊與現實的各種課題搏鬥，一邊把它作為磨練自己、讓自己的生命力堅強起來的養分，一步一腳印地汲取。這樣不但自己能開出「希望」的花朵，也同時可以改革社會的現實。

於動盪不安的現代，面對着核武器的威脅、環境破壞等嚴重問題，一般的風潮也就是盡量避免去想，離得越遠越好。即使是意識到事態嚴重的人，也會認為自己一個人的力量有限，不能改變社會而放棄去行動。

為了衝破這種迴避現實、氣餒無助的障壁，我認為我們需要有如曼德拉先生所説的「作為人，絕對不可能甚麼也不做，甚麼也不説，不向不公正挑戰，不向壓迫抗議，不為自己憧憬的美好社會和生活努力」（《漫漫自由路》）這種使命感；也需要如環境活動家旺加里・馬塔伊（Wangari Maathai）博士所説，貫徹「我們被召喚到這地球，就是為了幫忙治癒其纍纍的傷痕」（諾貝爾和平獎得獎致詞）這種如「誓言」一般的使命感的行動。

剛才引用的「如蓮華在水」，是《法華經》裏的一句經文，描述在釋尊跟前「誓願」，自願誕生在動盪不安的時代，畢生為在絕望深淵中掙扎的民眾奉獻的地涌菩薩的姿態。

這裏所說的「誓願」，並非一種期待他人採取行動去改變現狀的願望，也非一種情況不利時就馬上變卦的約定，而是一種無論遇到甚麼艱險磨難，無論需要多少歲月去變革，也一定全力以赴去完成，是證明自己存在的「活着的證據」的別名。

● 作為佛教徒必須支持聯合國

日蓮大聖人強調，畢生實踐此地涌菩薩的「誓願」，正是佛道修行的本質。我們 SGI 正是以日蓮大聖人的一生作為典範。這是一種在貫徹實踐自己所立的「誓願」之中，無論遇到任何情況，都把它作為磨練自己的力量、創造價值的機會，關懷鼓勵社區中陷於苦惱的人，以「自他皆幸福」為目標的人生。

在社會貢獻領域方面，作為社會的一員，SGI 一向支持聯合國，及其為了解決全球問題而展開的活動。關於我們支持聯合國的理由及信念，我在 1989 年 12 月和聯合國副秘書長拉菲丁・艾哈邁德（Rafiuddin Ahmed）和揚・莫滕松（Jan Martenson）會談時這樣說：「我們宣揚和平、平等、慈悲的佛法理念和聯合國所揭示的目標相通，所以對於我們來說，支持聯合國是理所必然的事。而且若非如此，

作為佛教徒的人來說，就是歪曲了自己的使命。」

當然，理想越大，很多時候並非自己這一代就能完成的。但是正如曼德拉先生和馬塔伊博士那樣，奮力活出非己莫屬的「使命」和「誓言」，即使這一生完結後，也會成為永遠指引後人，為後人帶來勇氣的楷模。這個原理也是日蓮大聖人說的「留作未來之佳話，當無復逾於此者矣」（〈兄弟抄〉）的意思。

無論在任何情況下、無論任何人都能發揮希望，鼓勵和啟發未來世世代代的人 ── 這正是「創造價值」的基礎。我深信這是人類共同合作、通力解決各種嚴重威脅和問題所需的平台，亦是通往實現「和平共生的地球社會」這理想的橋梁。

如果想要改變未來，首先自己就要行動！── 肯尼亞環境活動家旺加里・馬塔伊博士與池田 SGI 會長暢談「生命尊嚴思想」的重要性 (2005 年 2 月，日本東京)。

● 團結一致解決問題的價值創造

接著，我要談及第二個觀點，就是「團結一致解決問題的價值創造」。

近年來，有關韌力（resilience）的研究顯示了其中幾個主要因素。

例如，佐利和希利指出：「韌力強的社區是扎根於以深厚信賴關係為基礎的非正式網絡，以應對及治癒任何混亂狀態。由上到下把韌力強加於社會的做法往往會失敗，但當那樣的努力真切地扎根於人們日常生活中的人際關係時，韌力的強度就會開花結果。」（《恢復力》）

但是能培育「深厚信賴」、構築「扎根於日常生活中的人際關係」的社會資本，年年變得薄弱。同樣地，仰賴社會資本來維持的緩衝地帶也越來越脆弱，以致所有的威脅和社會上的問題，都直接衝擊每一個人。人必須獨自承擔這些威脅及問題所帶來的後果，在這樣的情況下，人或許會選擇沉淪於絕望中，又或許會為了生存而選擇明哲保身，以一己的事為優先。

經濟哲學家塞爾日‧拉圖什（Serge Latouche）呼籲，為了讓在弱肉強食的經濟競爭中被遺棄的人能恢復尊嚴，需要實現一個「正當的社會」（une société décente，不輕視民眾的社會）。他也舉出「歡樂友好」（conviviality）這價值作為能與他人分享喜樂的其中一個方法。（《減緩成長的社會》）

在佛法上，也有與拉圖什異曲同工的教導，那就是「喜者，自他共喜也」（〈御義口傳〉）的思想。我認為現代社會所需要的骨幹，就是讓社會充滿「活出生命價值的光輝」而不是「財富的光輝」這種能分享喜悅的精神。這是一種「絕對不會捨棄最痛苦的人」的同甘共苦精神。可能一般會認為，在這人際關係越來越稀薄的時代，要把社會變得充滿同情心，是無法想像的難題。但我認為，我們必須抱持確信去扭轉這種看似難以抗拒的社會潮流。關於這一點，人權運動家馬丁・路德・金曾說過：「我們是被相互依存這難以逃避的網所束縛，被一件同一命運的衣裳所綑綁⋯⋯我們生來就是要一起生活的。」（《良知的號角》）這樣的形容是最貼切不過的。

佛法思想中的「緣起觀」與馬丁・路德・金的主張相通。事實上，這世界是由生命相互關聯的網絡交織而成的。無論人際關係在表面上變得如何稀薄，這事實是不會改變的。人的行動可以產生「正面的連鎖效應」。

在世界各地災區採訪的紀實作家麗貝卡・索尼特（Rebecca Solnit）強調：「團結、利他主義與應變能力等特徵宛如點點星座，藏於大部分人之中，在必要的時候會顯現出光輝。災害發生時，人們是懂得如何反應的。」（《災難烏托邦》）重要的是，除了緊急時期之外，如何讓人在平常也能盡情發揮這些潛藏不露的能力。

索尼特在接受日本創價學會機關報《聖教新聞》採訪

時（2012年4月24日）指出，在災害時能令人產生互助之心的條件，就是「每個人都感覺到自己是群體的一員」，「在群體中，能自發地行動，感覺到自己的任務」。

我認為這正是於任何時候也能呼喚出馬丁·路德·金提到，「我們生來就是要一起生活的」這句話所表現的人性必備的一面，和擴大為了解決問題而聯手行動的網絡的前提。

這裏讓我想起了聯合國第二任秘書長達格·哈馬舍爾德 (Dag Hammarskjold) 的話。某一日，他和老朋友作家約翰·斯坦貝克 (John Steinbeck) 進餐，斯坦貝克問他：「我能為哈馬舍爾德和聯合國做些甚麼呢？」他回答說：「請你腳踏實地與人們促膝談心。這是最為重要的事。」（《和平歷險記》）

為了解決各地糾紛，不顧困難勇於行動的哈馬舍爾德秘書長，至今也被稱許為聯合國的良心。他這句話有着千鈞之重，而且是他為了調停非洲的剛果動亂前往談判途中墜機身亡兩星期前所說的話。

我從他的話中感受到他在說：「為了解決聯合國和人類所面對的問題，千里的旅程也始於一步，每一個人在自己所處的場所，與大家展開開誠布公的對話，團結起來行動，除此以外並沒有任何其他的方法。」

從這點來看，要造就索尼特所舉出的「每個人都感覺到自己是群體的一員」的狀況，可以說不可或缺的就是「對話」。

説到「對話」，並不需要想得太拘束死板，也不需要一直談到找到解決方法為止，正如哈馬舍爾德的溫馨回答一樣，重視「為了能一起對話而感到高興」這種對話過程，才有其意義。

　　我自己通過「對話」加深了與眾多人士的認識，所以特別喜歡對話，把對話作為人生最大喜悅。

　　在自己生活的社區推廣「對話」，就是給自己開闢一個被他人接納、有歸屬感的「安心空間」。「對話」也可以超越各種藩籬，把擁有同樣煩惱的人凝聚起來。通過「對話」，我們可以發現對方心中也有同樣的「志向」而感到高興，加強共同克服問題的意識。

　　雖然説一個人有無限的可能性，但要是沒有橫向的團結，就很難發揮出真正的力量。「對話」讓人的心更加貼近，在處理問題時倘若途中碰壁，也可以通過「對話」來解決。每取得一分成功，各方就會感到一分喜悦，這能變成一種向着目標再接再厲的前進力量。

　　有關索尼特所提到的第二點，在群體中「感覺到自身的任務」，其重要的意義就是能分擔各種問題所帶來的苦惱，團結一致地採取行動。

●「為他人服務」產生的正面連鎖效果

　　我現在與羅馬俱樂部的共同會長恩斯特‧烏爾利希‧馮‧魏茨澤克 (Ernst Ulrich von Weizsacker) 博士在進行對

話。其中一個話題談到「自主的勞動」。魏茨澤克博士將之定義為：為了周圍的人或未來一代而自主地進行的勞動。這個概念給了我們一個很好的啟示，自主勞動的意思不單是「為他人服務」，通過這種行為同時能「使自己有所改進」，有着「正面連鎖」效果。

人的尊嚴在單獨一人時並不能發放光輝，只有在自他兩者間架起心靈橋梁時才開始發出璀璨光芒。佛典云：「為人點火，明在我前。」（《食物三德書》）為他人效勞的行為所發出的光輝，會成為顯照自己尊嚴的光芒。佛法說無論自己處於任何困難艱苦的狀態，也能為他人的心燃點火焰，此火焰不但能消除他人痛苦的烏雲，也同時能消除覆蓋自己心中的陰霾。

我確信不論是服務社區的活動也好，或是義工、非政府組織活動也好，肩負着艱苦困難的人們若能攜手互助，以正面連鎖推廣喜悅的行動，再加上「對話」，定能成為建構所有人的尊嚴都能生輝的社會原動力。

就此無限的可能性，聯合國開發計劃署署長的海倫・克拉克 (Helen Clark) 強調：「假如地球的七十億人能同心協力去解決人類共同的問題，定會帶來驚人的變化。」（《義工服務讓世界更美好》）

不但是社區的問題，為了在解決人類共同的問題時取得有意義的進展，我認為有必要通過「與他人分享喜悅」，建立心與心的聯繫，再以此為基礎，從事創造價值的挑戰。

● 喚醒自他善良本性的價值創造

最後的第三個觀點，就是「喚醒自他善良本性的價值創造」。

今年是第一次世界大戰爆發一百週年。戰爭的性質，以一次大戰為分界起了極大的變化。

其一就是「無差別的攻擊」。工業技術的發達，使遠距離或不受地理環境限制的攻擊成為可能。因此實質上消除了戰場前方與後方的區分，而轟炸機對城市的空襲造成無數平民的傷亡，潛水艇無區別的魚雷轟炸也令很多民間船隻受害。

另一個變化就是「無限制的手段」。由於戰爭規模越來越大，為了早日爭取戰局的勝利而使用殺傷力高的武器，甚至不惜採用不人道的毒氣等武器。

這是出自要盡最大可能投入一國的物質和人力資源來壓制敵國的思想。結果，在第一次世界大戰中犧牲的士兵人數固然驚人，連平民也死傷無數。這種現象在第二次世界大戰更為顯著。士兵的犧牲人數為一千七百萬人，而平民的犧牲人數推算為三千四百萬人。（《戰爭研究》）

至今，這兩個「無差別、無限制」性質不但沒有減退，還變本加厲。最具代表性的就是把敵方所有人殲滅殆盡的「核武器」，以及最先進的遠距離攻擊手段，即國際社會至為憂慮的「無人駕駛飛行器」的攻擊。

無人駕駛飛行器是用來對付恐怖集團或武裝勢力的，那是通過遠距離操控來襲擊威脅自己國家的敵人的武器。本來是應該通過司法審理來處理的事件，如今已不容許對方有任何爭辯的機會而直接行使武力來處決，甚至還牽連周邊居民作為「附帶性被害」而加以允許。這種行徑引起爭議，去年聯合國人權理事會委託專家小組進行實況調查。

核武器和無人駕駛飛行器，不但都違反人道和人權精神，而且其本質是一種對於敵人 —— 無論他是任何人，也不惜用任何手段絕對要把他殲滅，不管有任何犧牲也在所不辭的極端思想。

● 嚴格區別善惡二元論將腐蝕社會

這種善惡二元論的嚴格區別，究竟如何腐蝕人的精神？社會倫理學家西薩拉・博克（Sissela Bok）曾對參加過西班牙內戰²的詩人斯蒂芬・斯彭德（Stephen Spender）的體驗報告進行分析。

斯彭德寫道：「當我看到被法西斯勢力殺害的孩子們的照片時，我感到既憤怒又悲痛。當佛朗哥支持者談到左翼

2　1936 年至 1939 年在西班牙發生的內戰。共和政府軍與人民陣線左翼聯盟對抗以弗朗西斯科・佛朗哥為中心的西班牙國民軍和長槍黨等右翼集團。政府軍得到蘇聯和國際義勇軍的支持，但敗於受納粹德國、意大利和法西斯勢力支持的右翼集團，而成立了佛朗哥將軍的獨裁體制。當時很多知識分子，如小說家喬治・奧韋爾（George Orwell）和詩人斯彭德等都參加了國際義勇軍。

紅軍的殘暴行為，我只覺得他們在造謠而感到憤怒。（中略）我逐漸對於自己的想法開始感到恐怖。我清楚明白到，除非我可不偏不倚地關心每一個被殺的孩子，不然我根本就不算是在關心孩子被殺這件事。」（《失敗的上帝》）

博克指出：「由於斯彭德太過關心糾紛中己方人員的生命危險，還有對法西斯陣營的策略感到恐怖和猜疑，以致扭曲了他的觀察力。他已經完全失去了對法西斯陣營孩子的關心，而把任何有關那些孩子受苦的言論當作一種宣傳手段而已。」（《和平戰略》）

把己方當作「善」，把敵方當作完全的「惡」的思想，在由於意識形態對立而分裂世界的東西冷戰結束之後，仍然歷久不衰，改頭換面地在世界上引起了各種問題。例如以「恐怖主義的威脅」為理由，煽動人群把某些特定宗教的所有信徒定為危險分子，或把引起社會不安的原因指向特定的民族或人種的仇恨性言論（hate speech）和仇恨性犯罪（hate crime）[3]，還有在國家安全的名目下限制人民的自由，加強監視等，把維護人權置於腦後的傾向。

雖然是為了對付恐怖分子的威脅，消解社會不安或維

---

3 出自對某種特定人種、民族、宗教等屬性的仇恨和偏見所引起的犯罪行為。自九十年代以美國為中心開始流行，近年又由於經濟不景氣而人心惶惶，進而令這種犯罪行為愈加猖獗。仇恨性言論是指基於歧視或偏見，發出含有攻擊性、歧視性的言論。現在於世界各國成為嚴重的社會問題。

護人類安全的措施，但於其根底假如存在善惡二元論的思想，反而會增加恐怖與懷疑，令社會越發支離破碎。

許多時候，認定自己是處於「善」的一方的人，會在不知不覺之間自己也會跟「惡」的一方一樣，作出同樣的行為，如殘害性命、無視人權等。

在此，我們要再次參考曼德拉先生就任總統時向世界發表的宣言：「我們宣誓要把所有同胞從貧窮、缺憾、痛苦、性別等長久以來的歧視解放出來，永遠、永遠、永遠不再讓人壓迫人的舊事在這美麗的國土上重演。」（《漫漫自由路》）

在對付恐怖分子的威脅、安撫社會的不安、推行安全政策時，我們都要立足於「絕對不壓迫任何人」的原則，堅忍不拔地去糾正社會的各種歪曲，才能真正地解決問題。

● 佛法的「十界互具論」提及的觀點

佛法的「十界互具論」提示出一種可以超越這善惡二元論的哲學思想。佛法強調，處於善的生命狀態的人也具備惡的生命狀態，要警惕不讓惡緣影響自己而亂了方寸，同時無論處於任何惡的生命狀態，也並非固定不變，任何人都可以藉着自己意念的轉變和行動來顯現自己的善性。

我要以「乞眼婆羅門」的故事作為前者的例子。釋迦十大弟子之一的舍利弗於過去世修行菩薩道的布施行時，一個婆羅門說想要舍利弗的眼睛。當舍利弗如他所願把眼睛

挖給他時，他非但沒有一句感謝的話，還嫌眼睛臭而把它扔到地上，甚至用腳踐踏。舍利弗大為震驚，心想「我絕對救不了這種人」，而放棄了長年的修行。

這裏值得注意的是，他並非因為要忍受挖出眼睛的痛苦而放棄修行，而是因為不能忍受對方踐踏自己的好意這舉動。把眼睛交給對方時舍利弗的心中充滿利他的精神，但這精神因對方把眼睛踐踏而瞬間煙消雲散。他心中已經忘記了要為他人的幸福行動，而變得只顧自己追求悟達，這令舍利弗長期被囚於利己主義的苦惱之中。

日蓮大聖人通過這故事，指出任何人都會被惡緣所影響，而為了戰勝這負面的力量，就要立誓為他人而行動——「所願我之弟子等，須發大願」（〈覆上野書〉），即使遇到任何事情也要經常返回這誓言。

接着我要舉出古代印度阿育王的史實來作為後者的例子。紀元前三世紀，孔雀王朝的阿育王征服羯陵伽國，有十萬人被殺，十五萬人被俘。面對這生靈塗炭的地獄般景象，連暴虐成性的阿育王也開始深刻地懺悔。他責備自己，在極度痛苦之餘深深悔改，堅決發誓絕對不再發動戰爭。之後，他除了派遣和平使節到鄰近國家促進文化交流，還在各地建立許多石柱，刻上不殺生等思想的敕令和教諭，稱為「法敕」。

我曾和甘地研究專家、印度哲人尼拉坎塔・拉達克里希南（N. Radhakrishnan）博士就阿育王的轉變交換意見。

● 打破沉默與旁觀

他說：「阿育王從一個暴君變成愛好和平的領袖，即他能夠變革自己。甘地認為每個人心中都有一個阿育王，每個人都能夠變革自己。」(《邁向人道世紀－談甘地與印度的哲學》)

正因有此史實，甘地要求自己與「內在的惡」對抗，不斷精進，同時「對人性有逆向的應對力持有不滅的信念」(《甘地全集》)，畢生貫徹其非暴力 (ahimsa) 運動，「除了自己前進以外，有時甚至把敵人也招來同行」(《來自耶勞德‧門迪爾》)。

佛法的「十界互具論」所提倡的是，不可把他人歸類為「惡」而加以譴責和排斥，而要以指向剷除人人皆可能含有的「社會弊病」的根源為彼此的生存態度。重要的是，不可忘卻要警惕自己「內在的惡」，一起發掘彼此「內在的善」。

譬如某一個集團中有排他性暴力傾向的人，但要是因此敵視整個集團，那只會招來惡的連鎖效應，重要的是努力增強「明確反對任何排他性暴力行為」的民眾的凝聚力，在社會上掀起跨越所有歧視的潮流。我們 SGI，至今一直支持聯合國提倡的「和平文化」、「人權文化」建設，目的就是要在社會上培育這樣的風氣。

繼承甘地思想、為人權奮鬥終生的馬丁‧路德‧金指出，與攻擊自己的自由運動的勢力相比，「比起維護正義，

更熱衷於維持『秩序』」的人、「善人那令人毛骨悚然的沉默」，和「自我滿足的旁觀態度」等是更加巨大的障礙。（《為甚麼我們不能再等待》）

建設「人權文化」，就是要互相警惕不要持有上述的弊病，以致釀成社會弊病的蔓延。只有每個人都通過自強來發揮原有的善性，作為守護人性尊嚴的主體來貢獻社會，同心協力去提升維護人權的力量。

聯合國推動的《世界人權教育計劃》（World Programme for Human Rights Education）第三階段（2015 － 2019 年）以傳媒和新聞界人士為對象，強調推動平等和不歧視的教育和培訓，改變固有觀念和消除暴力，培養對多樣性的尊重等。我們 SGI 自 2005 年起，一貫支持聯合國的《世界人權教育計劃》，也和聯合國其他機關和非政府組織合作，挑戰「喚起自他善性的價值創造」。

● 培育全球公民

接着，為了建構一個能讓所有人生活得有尊嚴的「可持續發展的全球社會」，我要從三個不同角度提出建議。

第一是有關教育和青年的建議。

在前半部分，我引用過湯恩比博士的話：「我們的命運並非注定要讓歷史重演。我們可以通過自己的努力，以自己的方式，令歷史有一個前所未有的新變化」，論及要挑戰一種出自民眾、為了民眾的價值創造。從事這挑戰所需的

力量來自「自強」，而「自強」的泉源就是教育。

回想起和曼德拉先生於 1990 年 10 月在東京見面時，我們就教育和培育青年這兩個建設新時代至為重要的主題交換了意見。當年 2 月剛被釋放出獄的曼德拉先生認為，建設新南非需要以教育為基礎。我深表贊同，指出展望一百年、二百年未來，令國家發展的要因就是教育。

通過那次對話，我們都加深了理解，明白到教育才是令人的尊嚴輝耀的光源。教育不但掌握着一國未來的命運，也掌握着全人類未來的命運。

曼德拉先生能忍受二十七餘年的監獄生活，是因為他一直教育自己，要實現一個人民能超越恩仇、和平共處的社會。

他在獄中寫道：「只是我的血肉之軀被困在堅實的牢牆裏，我的視野依然擴展至全世界，我的思想依然自由得像一隻隼鳥。我所有夢想的支柱就是人類的集體智慧。」(《與自己對話》)

他在希臘古典名劇中尋找令自己不屈於逆境的精神來鼓舞自己。他和其他服刑的人一起把監獄變成一所「大學」，努力增進學識，來把自己的夢想變為事實。

無論是面對威脅而苦惱不堪的人民、奮力把社會不良趨勢扭轉至正面方向的人民，或是肩負建設未來重任的年輕一代，現今世界所需要的，正是培育支撐這種「不屈的希望」和「學習人類智慧的精神」的創造價值的能力的教育。

● 支持聯合國的活動逾三十年

去年 9 月，聯合國大會舉辦了一個特別活動，來決定在 2015 年「千年發展目標」(Millennium Development Goals，MDGs) 結束之後推出的新發展議程[4]的制訂流程，其中包括於今年 9 月展開一系列政府的談判，以及將於明年 9 月的首腦級會議上通過現在廣泛被稱為「可持續發展目標」的發展議程。

至今，在促進可持續發展目標方面的建議，我曾經提出過實現資源再循環、無浪費的社會，重視防災減災的社會，重視人權、人類安全、裁軍的社會等等主張。這次，我要把「教育」也加進這些建議之中。

具體來說，於教育範疇除了「使初等和中等教育完全普及」，「於所有教育層面上廢除男女差距」，我還要提出把「推動全球公民教育」這項目也列入可持續發展目標當中。

尤其要使第三項上軌道，希望作為繼承今年結束的「促進可持續發展教育十年」(Decade of Education for Sustainable Development)，聯合國和公民社會合作，共同推進一個新設的「全球公民教育計劃」。

4　繼聯合國以 2015 年為目標所推進的「千年發展目標」之後的一個制度，被稱為「2015 後發展議程」。在商討制訂該議程的同時，也一併商討制訂「可持續發展目標」。最終，將會匯合這兩方面的商討成果，而制定一個單一的共同目標。

有關「全球公民教育」的重要性，自四十多年前和湯恩比博士對話以來，和其他國家領導或有識之士會談時，也是我一貫強調的主題。1987 年發表的倡言中，作為其具體構思，我提出以環境、發展、和平、人權這四個範疇為軸心，去推進追求人類普遍價值的「全球公民教育」。

　　自 SGI 於 1982 年在紐約聯合國總部舉行「核武器：現代世界的威脅」展以來，作為聯合國世界裁軍運動的一個環節，展覽在世界各國巡迴展出。提出舉辦這個展覽是為了更加深化「要解決全球的種種問題，教育是不可或缺的要素」這個一貫的信念。

　　SGI 於 1989 年主辦了「戰爭與和平」展。之後，為了從公民社會的立場，支援從 1995 年開始的「聯合國人權教育十年」，和 2000 年開始有關「和平與文化」的聯合國一連串的活動，我們主辦了「現代人權」、「為世界兒童建設和平文化」等展覽，全力通過草根活動去啟迪民眾的意識。

　　另外，SGI 又和其他非政府組織合作，呼籲早日制定「促進可持續發展教育十年」和提倡讓人權教育的國際框架延續下去。在 2005 年，當「促進可持續發展教育十年」和《世界人權教育計劃》開始後，也積極支持聯合國在這兩方面的活動。

　　此外，我們也一直支持《地球憲章》的制定過程，這份文件闡述了可持續發展未來的行動規範和價值。我們多年來推進各類活動，以確保其精神得以普及到世界各地民眾。

通過上述三十餘年的活動，我們和各領域的非政府組織建立了密切的合作關係。在兩年前的「里約+20」聯合國可持續發展大會舉行時，合力召開一個正式的周邊活動──以「我們創造的未來」為主題的圓桌會議。今年2月，將會在紐約召開「全球公民和聯合國的未來」圓桌會議。

在里約的圓桌會議上，我們了解到不應只限於加深人民對教育問題的理解，還要每一個人自覺到自己內在的無限潛力，以這自強精神來勇於採取變革時代的行動，發揮領導作用。這才是我們對教育所要追求的過程。從這點來看，本着至今聯合國的活動成果，下一步應該開始商量如何建構一個從「每一個人的自強」到「所有人一同挑戰創造價值」的新教育框架。

● 不在他國人民的犧牲上追求繁榮

在此，我要提出三個觀點，作為建構「全球公民教育計劃」的骨幹。

第一、能加深對人類所面對的各種問題的理解，通過探究其原因的過程，使人分享到「無論如何困難的問題，既然是由人所引起的，一定可以由人去解決」的希望。

第二、敏感地察知全球性危機於身處地域惡化前的徵兆，引發民眾起來行動的力量，團結一致解決問題。

第三、培育能理解他人痛苦的同苦精神，在推進有益自己國家的行動的同時，也不忘考慮到對他國會否帶來負

面影響或威脅；提高這「不在他國人民的犧牲上追求自己國家幸福與繁榮」的共通精神。

把以上三個概念加進「全球公民教育」中，納入各國的中等或高等教育的課程，以公民社會為主體，作為終生教育的一環，通過各種機會去推進。

聯合國秘書長潘基文在 2012 年，提出把教育作為國際社會最優先課題的「全球教育第一倡議」(Global Education First)，其中一個主題就是培育全球公民。於聯合國看到這樣重視培育全球意識的行動，實在令人鼓舞。

今年 11 月將於名古屋市舉辦的「聯合國教科文組織世界可持續發展教育大會」裏，也準備商量有關可持續發展教育對全球公民教育的貢獻和今後的步驟。我認為應該根據會議的成果，進一步推進制定「全球公民教育計劃」。

● 促進可持續發展未來的青年自強

接着，除了「教育」以外，我也提議把「青年」列為「可持續發展目標」的其中一個項目。

青年佔世界人口的四分之一，他們除了是最受到可持續發展目標影響的一代，同時也是最有力量將其實現的一代。為了令世界的青年能積極挑戰價值創造，建設更美好的社會，我們一定要把他們加入這些目標之中。

具體來說，我提議設定如下的三項目標：

① 各國全力地確保青年們能擁有正當和有足夠工資的工作。

② 讓青年能積極參與解決社會所面對的問題。

③ 擴大跨國的青年交流，培養友情和增進合作。

估計於現今世界上，失業人數達到約二億二千萬人，而有約九億人每天的工作收入不超過兩美元這貧窮線。（《增長與就業——2015 後發展議程的關鍵》）尤其對於年輕人來說，情況更為嚴重。一直沒有固定職業，即使有工作但收入低，工作環境惡劣，不穩定的僱傭形式，男女待遇差距等等，苦於如此情況的青年比比皆是。

如果這種情況長期持續下去，年輕人的自尊會深受打擊，失去對未來的希望，甚至喪失求生意欲。國際勞工組織（International Labor Organization）目前正在向各國呼籲要盡量提供「體面工作」（decent work，即正當和有足夠工資的工作），假如能把這點明確地加入可持續發展目標之中，一定會更確切地促進改善狀況。

第二，有關讓青年積極參與解決社會問題，這對今後的世界是絕對必要的。去年 9 月於哥斯達黎加舉辦的「全球青年峰會」（Global Youth Summit）上發表的宣言也強調了受到世界青年認同的這一點。我也曾於 2006 年對聯合國提出的倡言中做過同樣的呼籲，所以我非常高興看到聯合國於去年 8 月為青年開設了「聯合國在線平台」（Online

Platform for Youth），更期待各國有同樣的舉動，設立反映青年人聲音的措施。

第三點有關擴大青年交流，我提議把至今以學生為主的各種交流擴大到一般青年，以此作為國際社會的共識來加以落實這共同目標。從這意義上，不要止於加深相互理解或關心這個地步，而要通過交流培養出友情及心與心的聯繫，因為這是阻止煽動憎恨、偏見等集體心理的防波堤。

無論任何國家，要阻止對軍力的依賴，確保排他性政治不會出現，構築和平人道社會，必須不斷增加擁有「不在他國人民的犧牲上追求自己國家的幸福繁榮」這全球公民意識的民眾，尤其是年輕一代的民眾。這種通過面對面交流所培養出來的友誼，會在世界的未來主人翁心中燃點起一盞又一盞「誓不戰爭」的燈火，並且化為解決全球性問題群的行動，這是人類的無價之寶。

為了鼓勵青年去思考且合力應對社會所面對的問題，創價學會從今年開始推展「創價全球行動」運動。希望能和其他非政府組織及公民團體一起互相合作，推進以青年為主體去解決問題的潮流。

● 增強韌力的區域合作

接着我要談及第二個提議，那就是為了最大限度地減少氣候反常和其他災難所帶來的損害而進行的國際合作。

根據世界氣象組織去年發表的報告，在二十一世紀最初的十年（2001－2010年），各地發生氣候反常，如颶風卡特里娜（Hurricane Katrina）、巴基斯坦的洪水、亞馬遜流域大旱等，三十七萬餘人因此而喪命。（《全球氣候2001-2010：氣候極端事件十年》）

　　氣候反常在2010年之後也頻頻發生，光是去年2013年，颱風海燕就已經在菲律賓和越南造成嚴重災害，在歐洲中部和印度等由暴雨所引起的洪水；還有侵襲北半球廣大地區的熱浪。除了帶來這些直接損害外，氣候變化還影響到支撐人民生活的農業、漁業、林業等，所造成的全球年度經濟損失金額據估計達到二千億美元。

　　防止地球變暖的《聯合國氣候變化框架公約》締約方會議，已經把如何應付氣候變化所牽涉到的損失和損害問題，從如何削減二氧化碳等溫室效應氣體的排放量的問題中劃分出來另行檢討。而去年11月在波蘭華沙舉行的第十九屆會議，也設立了「氣候變化影響相關損失和損害華沙國際機制」。但是這個機制只是要求發達國家向發展中國家提供資金援助，完全沒有法律上的約束力，而且下一次的審核是在2016年，所以它的實際效果還存在着疑問。

　　聯合國大學環境與人類安全研究所警告：「現行程度的應對策略和緩和策略，不足以避免各種氣候反常的負面影響」（《已發生氣候變化所帶來的損害和損失》），指出需要儘早找出新對策。

在此我要建議，為了減輕氣候反常及其他災難所引起的損害，於亞洲、非洲等地區建立一個強化「韌力」的合作體制來推進災後重建。這可與《聯合國氣候變化框架公約》所提出的全球規模的應對策略並行展開。

氣候反常及其他災難的應對，包括「災前準備」、「災中救援」和「災後重建」這三方面。災害發生時，很多時候會得到各國派遣援助隊伍的幫助，但其他的兩個方面卻需要集合更多國際合作和關心。儘管災害發生後國際支援紛至沓來，但之後當一個國家要靠自國的資源去推進重建活動和強化災害預防時，是極之困難的。參考和分享各地至今的教訓來設立一個互助制度也是當務之急。

在面對糾紛問題時，聯合國會通過其建設和平委員會，把預防糾紛、解決糾紛、建構和平視為一個整體過程來處理。同樣地，我建議由鄰近國家設立一個應對氣候反常及其他災難的合作機制，把「災前準備」、「災中救援」和「災後重建」視為一個整體過程一併處理。

● 氣候變化威脅國家安全

為何需要鄰近國家協力合作去應對呢？這是因為與災害發生時馬上需要的支援不同，「災前準備」和「災後重建」需要長時間協力處理才可以完成。鄰近國家互助合作至為合理，而且由於地理環境相近，也可以在合作中汲取彼此

在準備和應對隨時皆有可能發生的氣候反常方面的教訓和知識。

鄰近國家之間對氣候反常及其他災難協力互助深具意義，假如能走上軌道，我相信這會為整個區域帶來難以估計的價值。因為這有可能改變各國對國家安全的看法。

2013 年 3 月於韓國首爾舉行了亞太地區氣候安保會議。根據當時發表的報告，最少有 110 個國家認為氣候變化問題對國家安全有所威脅。（《關於氣候變化的全球安全防禦指數》）至今，許多國家把氣候變化作為一個「環境問題」處理，並不如經濟成長般把它視為需要優先考量的問題。但這樣的意識於這數年間起了變化，認為這是一個對國家安全有所威脅的問題而必須認真處理的國家陸續增加。

在此需要特別一提的是，增強這方面的安全不會招致所謂的「安全困境」（security dilemma，又叫「安全兩難」）。「安全困境」所指的是，當一個國家增強軍力，另一個國家會感到威脅而採取對抗措施，如此爭相擴充軍力，使負面的連鎖效應 —— 不安與緊張的情緒不斷加劇。

尤其是，對於任何國家來說，氣候反常及其他災難何時發生也難以預料。一定要培養起這種超越國家藩籬的「同苦」和「互助」精神，當看到某個國家受災時，其他國家會紛紛趕去救援，絕不採取隔岸觀火的態度。

池田 SGI 會長與世界著名的和平學者凱文・P・克萊門茨（Kevin P. Clements）博士自 1996 年認識以來，不斷加深友誼和交流，兩人的對話輯錄成對談集《邁向和平世紀　民眾的挑戰》（1996 年 7 月，日本東京）。

　　克萊門茨博士在談到地震發生時親眼目睹大規模的國際合作時提到：「這帶出了一個我們每個人都了然於心底的事實──儘管我們之間存在着文化、言語、國籍等差異，但大家都是人。可惜的是，這種『大家都是人』的認知往往只在災難發生時才體現出來。重要的是，在平時也要維持這種災難時期的『互助精神』。」

　　我完全同意。正因為如此，鄰近國家在強化韌力、協助重建的層面上長期進行合作，便可在整個區域中培育出一種「互相扶持的精神」的共通文化。

● 作為全球公共財產共享信息

　　事實上，這範疇所需要的知識、訊息、技術、訣竅等，與原本靠軍事力量來維持的國家安全所涉及的情報機密性質完全不同，是需要各國之間公開分享，才能更大地發揮其價值。越多國家分享這些訊息和技術，越能降低各國的受害程度，並且減低整個區域的災害危機（安全保障上的威脅）。

　　這和經濟學家約瑟夫・E・斯蒂格利茨（Joseph E. Stiglitz）的「作為全球公共財產的知識」（《作為全球公共財產的知識》）的概念不謀而合。他在提出這概念時，引用了美國第三任總統托馬斯・傑斐遜所說的話：「他從我處得到了靈感，並不會使我的靈感減少，正如以我的蠟燭點亮他的蠟燭時，也不會令我的燭光變弱。」（《托馬斯・傑斐遜著作集》）有關面臨災害時的韌力，是由下列四個因素構成：

1. 穩健性（robustness，社會機能不容易受損）
2. 可取代性（redundancy，遇到意外時能由其他對應方法取代）
3. 靈活性（resourcefulness，能善用社會的機能及知識資源來進行重建）
4. 迅速性（rapidity，能於問題變得深刻之前迅速找到修復的途徑）。

這四個因素都擁有傑斐遜總統所說的「利人而不損己」性質。

　　我認為應該由受災最嚴重的亞洲作為地區性互助的先鋒，進而將「強化韌力與支援重建的互助網絡」擴展到世界其他地區。

　　其基礎其實早已存在，就是東南亞國家聯盟，以及日本、中國、韓國、北韓所加盟的東盟區域論壇[5]，只要把「賑災」歸為東盟區域論壇有關安全的優先課題之一，定期商討互助方法即可。值得注目的是，至今為止，東盟區域論壇已召開了三次賑災演習。演習由一般民眾和文職人員主導、軍方配合支援，在東盟區域論壇各國的參與下，進行了醫療、防疫、供水等方面的聯合訓練。

　　我從這演習看到了牧口初代會長於二十世紀初（1903年）於其大作《人生地理學》中所倡議的，把排他性軍事競爭轉向人道競爭的可能性。

　　牧口會長指出在帝國主義與殖民地主義專橫跋扈的時代，各國競爭主軸從軍事力移向政治，之後又轉為經濟。他提出要制止這些「在他人的犧牲上追求自己的繁榮」的競爭，而應該把「為國」競爭的目的轉為「為人」的人道競爭。

5　東盟區域論壇（ARF），是一個為了推進亞太地區的安全而設立的政府間討論會。自 1994 年舉行第一屆部長級會議以來，努力促進國家間信賴關係和預防性外交。包括美、蘇的二十六國和歐盟（EU）也參加，促進災害救援等非傳統性的安全措施的相互扶持。

他認為，在這挑戰過程中，也可以從本質上改變軍事、政治、經濟層面的競爭，呼籲要選擇「為他人、對他人有益也對自己有益的方法」，把競爭的重心移到「下意識地進行共同生活」上。（《牧口常三郎全集》第二卷）

● 加強地方政府的交流以提高防災能力

牧口會長的主張已過了一個世紀，東盟區域論壇為了加強賑災合作而開始的演習，正是一個促進各國立於「不以利己主義為目的，除了自己以外，也保護和增進他人生活」這人道主義觀點，從本質上改變軍事競爭的好契機。

通過賑災的互相扶持，能逐漸消解國家之間的猜疑，並把合作體制延續到「災後重建」階段。增強災害時的韌力，是「災前準備」的一環，為了達到此目的，建議通過姊妹城市協議，促進地方政府面對面的交流，在各國落實以友好為基礎的合作體制。為此，我還提議以東盟區域論壇的實績為基礎，締結一個「亞洲地區重建與韌力協議」作為進行的框架。

為了在亞洲地區率先樹立一個榜樣，我提議日本、中國和韓國，以地方政府的姊妹友好城市交流為軸心，積極推進加強韌力的活動。

現在，日本和中國之間有三百五十四個地方政府簽訂了姊妹友好城市交流協議，日本和韓國之間有一百五十一個，中國與韓國之間有一百四十九個；並自 1999 年起，每

年舉辦「日中韓三國地方政府交流會議」來促進交流。

在這基礎上，以各個地方政府的青年為中心，推進包括防災、減低災害的加強韌力的交流，鞏固「友好與信賴紐帶」。以這些地方政府的友好交流為點，把點與點連結成「行動同盟」的線，然後連起這些線，開創出超越國家的「和平共存」平面。

沒有付出真誠去與鄰國構築友好的努力，即使如何展望世界和平也不過是畫餅充飢而已。遇到災害時相互扶持的精神，正是平時與鄰近國家交往的基礎。

我要再次強調，為了讓新的價值觀之風吹拂亞洲以至全世界，應舉行「日中韓首腦會議」，以促進對話來實現包括我於去年倡言所提出的環境問題等的合作，也希望在明年 3 月於仙台舉行的「第三屆世界滅災大會」上，具體地商量今後如何進行合作。

● **構建無核武器的世界**

最後，第三點我要倡議的就是有關如何禁止和廢除核武器。

剛才我們談論的地震、海嘯等自然災害，雖然事前的準備功夫可以減輕受害的程度，但不能阻止它的發生。相對地，假如能集結眾多國家明確的政治意識，不但可以阻止為人類帶來比任何自然災害慘痛的、無法挽回的悲劇的核武器威脅的發生，還可以完全廢除核武器。

去年 8 月，化學武器的使用在敘利亞造成無數民眾的傷亡。對此，國際社會發出強烈抗議，於聯合國安全理事會上，通過了決議，要求「敘利亞的任何一方都不得使用、開發、生產、獲取、儲存、保留或轉讓化學武器」（第 2118（2013）號決議）。

化學武器實際上被使用，其不人道性質不言而喻，所以安理會才會嚴格規定「誰也不能持有或使用核武器」。既然如此，為何到現在也沒有對這最危險的大規模殺傷力武器——核武器，賦予任何嚴格的規定呢？實在令人費解。

國際法院在 1996 年通過的諮詢意見書中，警告說：「核武器的破壞力，是超越時空的。它有能力消滅地球上所有文明和整個生態系統。」（《威脅使用或使用核武器的合法性》）核武器於人道和破壞力方面所帶來的後果，是化學武器無法相比的。

由於國際政治一直以國家安全的概念為優先，所以長期以來一直迴避從正面檢討核武器這不人道破壞力的問題。2010 年舉辦的《不擴散核武器條約》（NPT）締約國審議大會的《最後文件》表示深刻憂慮，隨後國際社會展開新的動向。

2013 年 3 月於挪威奧斯陸舉行的國際會議，於近七十年的核武器時代中，首次從對人道方面的影響這觀點來重新探究核武器問題。通過科學觀點驗證，出席的所有代表都持有同樣意見，就是「任何國家或國際團體，都不能適當

地處理由核武器爆發所引起的緊急人道狀況，和對受災者提供足夠的救援」(《核武器的人道主義影響的國際會議》)。

基於這驗證結果，要求所有有關核裁軍和核不擴散的商議都注重檢討「核武器的人道影響」的國家陸續增加。自2012年5月以來，這些國家不斷發表有關核武器對人道影響的共同聲明。於2013年發表的第四屆聲明中，包括處於核保護傘下的日本等的贊同國家數目達到一百二十五國。

聲明中說：「就人類的存活而言，於任何環境下也絕對不讓核武器再次被使用。不論是意外地、計算錯誤地、或有計劃地使用也好，核武器爆發所帶來的災難性是無法言喻的。」(《核武器的人道主義影響共同聲明》)

其背景就是要求廢棄核武器的民眾的強力支持，其中包括一直申訴「絕對不讓任何人再嚐受核武器所帶來的慘劇」的日本廣島縣和長崎縣。聯合國三分之二的成員國皆堅持，禁止核武器是絕無例外可言，確認到使用核武器會帶來災難性的人道後果，違反人類利益，這有着非常重大的意義。

● 在雷克雅未克舉行美蘇首腦會談

回顧歷史，1986年於冰島雷克雅未克舉行的美蘇首腦會談中，美國的列根總統和蘇聯的戈爾巴喬夫總書記就「全面廢除核武器」推心置腹地對話，其背景就是害怕核戰會帶來災難性後果。

戈爾巴喬夫總書記後來回述：「沒有切爾諾貝爾核事故，就不會有雷克雅未克會談。沒有雷克雅未克會談，核裁軍就不會有所進展。（中略）假如我們不能對付一個核子反應堆散發出的輻射物，那我們又怎能對付在蘇聯、美國和日本引爆核武器所引起的輻射塵污染。那將會是我們的末日。」（《核子美國》）

那時，就美國的「戰略防禦計劃」(Strategic Defence Initiative) 兩國意見分歧，「全面廢除核武器」的談判功虧一簣，終究無法達成協議。但列根總統一開始就抱有一個想法，就是「我夢想擁有一個沒有核武器的世界。我要我們的兒孫們能從這些武器得到解放」（《人心之爭》）。於第二年的 1987 年，美蘇簽訂了《削減中短程導彈條約》(Intermediate-Range Nuclear Forces Treaty) 全面廢止條約，是兩國達成的首個核裁軍條約。

過了二十五餘年的現在，又是怎樣一個情況呢？

2013 年 6 月，奧巴馬總統在柏林的演講中說：「我們可能不再生活在世界毀滅的恐懼中，但只要核武器存在，我們便沒有真正的安全。」（奧巴馬總統在勃蘭登堡門的講話）

事實上，因偶然的事故或錯誤訊息所引起的核攻擊，或令人日益不安的核恐怖活動而帶來的災難性人道後果的可能性經常存在着。只要有核武器國增加，危險性也隨之增加。

但是當與冷戰時期比較，我們可以發現有極其相似的地方，也有截然不同的地方。以這觀點去考慮「無核武器世界」，相信會找到新的啟示。

首先截然不同的地方，就是冷戰時期所憂慮的有核武器國之間以核武器互相攻擊或徹底開戰的機率異常低，而核武器對現今的恐怖活動等威脅又不太起作用。這大大減少核武器於軍事上的用途。就是說，當今時代不再是因「存在深刻對立」所以危險，而是因「核武器一直存在」所以危險。

冷戰時期，日益加劇的對立促使危機意識不斷高漲，相互威懾和抑制的政策招致核武器的對峙。而現在世界存在核武器的狀況經常招致不安，所以才會有國家要成為新的有核武器國，而有核武器國又不願意放棄手頭上的核武器。

2008 年發生世界經濟危機，雖然所有國家都面對嚴重的財政困難，然而為了維持已經減低軍事效用的核武器，所有有核武器國每年都要花費一千億美元。（《仍有挑戰，但有核裁軍的好消息》）這令核武器從「提高國家威望的資產」，逐漸變為「消耗國家財政的包袱」。於此情況下，有核武器國應該勇於採取行動，去消解核武器所帶來的威脅。

● 戶田城聖指出核武器的本質

還有一個非常實在的理由，就是自美國在廣島和長崎投擲原子彈以來，於這六十八年間，包括冷戰終結之前和

之後，沒有一個國家，或任何一個國家領袖曾經使用過核武器這個事實。

這讓我想起了決定轟炸廣島和長崎的美國杜魯門總統，在轟炸三年後的 1948 年所說的一席發人深省的話：「我們要理解到，這並不是一種軍事武器……這是一種用來殲滅婦女與孩童，還有手無寸鐵的平民，而絕非軍事用途的武器。我們要把它跟槍械、大砲等一般武器區分開來。」（《戴維・E・利連索爾日誌》第二冊）從他的話中可以感覺到，杜魯門總統在呼籲抑制使用核武器，以及提醒美國人民作為有核武器國所肩負的責任。

翌年的 1949 年，繼美國之後，蘇聯也成功進行了核試驗。以後，甚至直到今天為止，核武器威懾論一直支配着全世界。正因為核武器不是「軍事用途的武器」，而是一種擁有「需要跟一般武器不同的方法來處理」的獨特武器，很多負責控制及使用核武器的世界領袖慢慢悟出那是一個非比尋常的重任，而形成了一種不使用核武器的風氣。

去年，基於聯合國大會決議，為了促進各國核裁軍交涉而設置的開放工作組進行了協議。主導這決議的奧地利於 6 月提出的文件中，提出如下的問題：「世界各國都一致認同達成和維持沒有核武器的世界這普世目標。但是就如何有效地消滅核武器、令它永不復返的方法，大家卻有不同的意見。如何去填補這意識上的鴻溝呢？」（《對貢獻的探討》）

國際社會雖然認同如核武器對人道影響的共同聲明的國家，以及杜魯門總統所指摘一般，明白到「核武器的性質跟其他武器不同」，但世界領袖仍然基於國家安全觀點而持有核武器。我認為能填補這兩者之間的鴻溝的，就只有「誰也不想見到核武器所帶來的災難性人道後果」這個觀點。

　　在核軍備競賽展開得如火如荼的 1957 年 9 月，我的恩師戶田城聖創價學會第二代會長發表了《禁止原子彈氫彈宣言》，指出了威脅世界民眾生存權利的核武器的本質。在這之前，他曾呼籲：「對於世界、對於國家、對於個人而言，希望不用再使用『悲慘』這兩個字來形容。」（《戶田城聖全集》第三卷）

　　上述的第四屆共同聲明中，指出「於任何情況下」也不能使用核武器。對於這點，相信不少國家領導人會擔心維持國家安全的軍事戰略會受到限制而沒有太多選擇的餘地。但如果從災難性人道後果的觀點去想，把「於任何情況下」這句話改為「對於任何人」，則相信再也找不到使用核武器的例外及藉口。

　　「殲滅手無寸鐵的人」，這已經是越過了絕不能超越的一條線。既然核武器會帶來災難性人道後果，從根本上威脅世界人民的生存權利，那麼正如戶田會長所指出，「無論任何國家」、「無論任何人」也難以容許其使用核武器，讓人廣泛認同這思想，正是破斥以國家安全為理由而使用核武器思想的關鍵。

● 不使用核武器協定

以前我曾經倡議，於明年日本遭投擲原子彈踏入七十年，在廣島和長崎舉行「廢除核武器首腦會議」。配合這首腦會議，把要求「無核武器世界」的超越國家立場的民眾匯聚一堂，作為生存在同一地球的人，共同誓約為實現消滅核武器而行動。

具體來説，我提議由上述贊同共同聲明的國家、非政府組織代表，以及包括有核武器國等各國青年們為中心，舉行一個「世界青年消滅核武器首腦會議」，以青年為中心，定下要終止核時代的宣言，並以這宣言為契機掀起新的行動。

除了這會議，我還要提出兩個具體方案。

第一、明年的《不擴散核武器條約》締約國審議大會上，把「核武器的災難性人道後果」定為中心議題之一，作為確保履行《不擴散核武器條約》第六條（誠實地落實核裁軍）的措施，設立一個協議制度，來制定「不使用核武器協定」。

從 1995 年決定無期延長《不擴散核武器條約》時起，以有法律約束力的文件來確保有核武器國不對無核武器國進行核攻擊這「消極的安全保障」，成為一大課題。我認為有必要把《不擴散核武器條約》締約國不使用核武器的條款，確立為核持有國應該遵守的協定，把《不擴散核武器條

約》的基本精神義務化。其目的就是通過「不使用協定」，大幅度減低由於核武器的存在而對各地區帶來的不安因素，於現實中縮小核武器的作用。

於 2010 年的《不擴散核武器條約》締約國審議大會上通過的《最後文件》，舉出了有核武器國應馬上採取的一連串措施，並且要求他們在今年的籌備委員會上報告關於這方面的進度，更指出明年的籌備委員會將「進行評估，並審議促進全面執行第六條的今後步驟」（《對貢獻的探討》），其中一個步驟是「減少核武器在安全概念、理論和政策中的作用」。為了在這方面取得實質性進展，安全理事會五個常任理事國非達成「不使用核武器協定」不可。

我呼籲，配合 2016 年在日本舉行的八國集團首腦會議，同時主辦一個「為了無核武器世界的擴大首腦會議」，作為誓約早日簽訂「核武器不使用協定」的平台。

兩年前的北大西洋公約組織（NATO）峰會上，成員國已經達到共識，一致認為「很難想像會有需要使用核武器的情況」（《威懾和防禦態勢報告》）。如今正是有核武器國表明要實踐《不擴散核武器條約》上承諾的政治意願，並將之落實為「不使用核武器協定」的時候。

1960 年後期，當時的英國國防部長丹尼斯・希利（Denis Healey）就冷戰時期核威懾的問題，曾作出如下的分析。他表示，為了抑制蘇聯的核攻擊，美國的報復只需要 5% 的確實性就足夠，但為了說服處於核保護傘下的歐洲諸

國，令她們放心，卻需要拿出 95% 的確實性。（《我生命中的時光》）由此可見，依存於核保護傘的各國的觀念，其實正成了維持過量核軍備的重要因素。

通過成立「不使用核武器協定」，成立讓處於核保護傘下的國家備感安心和安全的框架，不再依存核武器作為安全保障，解除自國和他國同時面臨災難性人道後果的威脅，這樣絕對可以縮減核武器的作用。然後以「不使用核武器協定」為起點，在亞洲東北部和中東等還沒有實現無核武器區的地帶，設置作為其前一個階段的「不使用核武器區」。

我強烈希望，既處於核保護傘下，也贊成共同聲明的日本，毋忘被轟炸國這原點，除了通過「不使用核武器協定」，更應積極推進設置「不使用核武器區」。

SGI 獲得國際廢除核武器運動的協助製作了「邁向無核武器的世界 —— 勇氣與希望的選擇」展覽（2013 年 9 月，日本廣島）。此展曾於美國、紐西蘭等多個國家展出。

● 廢除核武器戰略

第二就是與這些基於《不擴散核武器條約》框架並行，以有關核武器的人道影響的共同聲明為軸心，廣泛地喚起國際輿論，開始進行全面廢除核武器的《核武器公約》交涉。

我在兩年前的倡言中，曾提議以基本條約配合議定書的形式，來嘗試禁止及廢除核武器。例如在條約上只寫上「有鑑於核武器所帶來的災難性人道後果，永遠放棄依存核武器為國家安全手段」的條文，至於具體的禁止與廢除事項，以及有關驗證的內容等，就以議定書的方式來落實。即便到議定書生效還有一定的時間，但由於締結了條約，「核武器不應存在於世界上」成了國際社會的共識，我確信一定會迎來核武器時代的末日。

其中一個方向性，就是沿習《全面禁止核試驗條約》[6]「假如不達成嚴格的條件，議定書就不會生效」的方式。條約的重點並非要處罰使用核武器的國家，而是確立禁止規範並把它普遍化。

我相信除了贊同共同聲明的一百二十五個國家以外，

---

6 《全面禁止核試驗條約》——禁止於大氣層內外、水中、地底進行任何核武器實驗爆炸。略稱 CTBT。1996 年 9 月於聯合國大會上通過。雖然還沒有生效，但成了自發性停止核試驗的底流，促進設立國際監督制度，條約存在本身起到一定的作用。為了生效，需要所有擁有開發核武器能力的四十四國批准，條件嚴厲，至今沒有批准的國家剩下八個。

出於國家安全上的理由而對禁止使用核武器表示難色，但仍舊擔心它的災難性人道後果的國家也為數不少。為此在條約的基礎上，加進對國家安全的保證制度，相信會令更多國家感到放心而樂於簽署廢除核武器的條約。

無論如何，「不使用協定」也是為了達到最終目的的一個手段，加速推進禁止與廢除核武器是當務之急，而公民社會的團結和支援是不可或缺的。

從這觀點來看，作為繼承奧斯陸舉行的核武器的人道主義影響的國際會議，而於 2 月在墨西哥舉辦的「核武器的人道主義影響會議」，至原子彈轟炸廣島長崎七十週年的明年 8 月為止的期間非常重要。我們 SGI 願與國際廢除核武器運動 (International Campaign to Abolish Nuclear Weapons)，以及要求實現「無核武器世界」的眾多團體合作，結集全球民眾的意見，尤其是年輕一代的聲音。

SGI 的青年曾對九個國家的青年進行有關「核武器的不人道」的意識調查，並將結果於去年 4 月提交了給《不擴散核武器條約》締約國審議大會籌備委員會主席科爾內爾‧費魯塔 (Cornel Feruta)，其中 90% 以上的人認為核武器是不人道，80% 支持制定禁止條約。

建設「無核武器世界」的目的並非只是消除核武器的威脅，也是民眾用自己雙手開闢和平共存時代大道的一個挑戰。這是建設一個讓所有人，包括未來一代能活得有尊嚴、幸福的「可持續發展的全球社會」的必要前提。

假如能把這視為生存在這二十一世紀的我們民眾應團結一致地而進行創造價值的挑戰，那麼其主角就是青年。只要肩負未來的青年本着「誰也不再經歷核武器帶來的悲劇」、「核武器跟人類永不共存」的信念團結起來，行動的網絡就必定能夠超越一切的障壁。

我們 SGI 為了廢除核武器、為了從地球上消除「悲慘」二字，定會以青年世代的活動為主軸，與對未來充滿信心和希望的所有人和團體合作，努力掀起創造價值的潮流！

凝聚全球民眾的力量
建設人道的世紀

2015 年 SGI 日紀念倡言

為紀念國際創價學會（SGI）成立四十週年，我想就如何凝聚全球民眾的力量，共同擴大和平與人道的浪潮，從地球上抹去「悲慘」二字，提出一些個人意見。

　　未來取決於活在此時此刻的人們信誓的深淺。人擁有確保所有人，包括後世人，皆無須再面臨當下讓人受盡煎熬的痛苦的能力。

　　自成立以來，聯合國在這七十年間不斷拓展其活動範疇，處理着林林總總的全球問題。

　　聯合國的「千年發展目標」（Millennium Development Goals）於 2000 年通過，其目的在於以 2015 年為完成目標期限，改善貧窮與飢餓人民的狀況。而去年 7 月，可持續發展目標開放工作組發表了一份建議書，建議設立一套有深遠影響的新目標，以便從「千年發展目標」結束後到 2030 年為止，繼續推進始於該「千年發展目標」的事業。值得注意的是，建議書中指出的「在世界各地消除一切形式的貧窮」、「確保健康的生活方式、促進所有年齡人士的福祉」等項目，皆顯示了無一例外地要維護所有人尊嚴的承諾。

　　「千年發展目標」的推進取得一定的成果，比如極度貧困人數減少了七億人次、男女童小學入學率不均等問題已有所改善。但是還有很多地區的情況沒有得到任何實質改善。了解到這點，開放工作組提議訂立適用於「所有地方、所有人」的最低限度標準。我很高興看到這提議，因為在以往的倡言中我也曾反覆提到，作為 2015 年後發展議程

（post-2015 development agenda），新的國際目標需要確保沒有人被遺漏。

● 戶田城聖的地球民族主義

我的恩師創價學會第二代會長戶田城聖在看到人們於1956 年匈牙利十月事件 [1] 中飽受塗炭之苦時呼籲：「希望『悲慘』二字不再被用以形容世上任何國家、任何人。」（《戶田城聖全集》第三卷）

人權運動領袖馬丁‧路德‧金曾說：「正義是不分國家疆界的。」（《良知的號角》，*The Trumpet of Conscience*）於第二次世界大戰期間因反對軍政府政策，和創價學會初代會長牧口常三郎一起被收監的戶田會長也有同樣的想法。他認為，和平、安定、繁榮和幸福不是某部分人的特權。在朝鮮戰爭越來越激烈時，他感同身受地嘆息道：「這場殘酷的戰爭造成無數犧牲，因失去丈夫和妻子、尋找兒子和親人而悲痛欲絕的民眾亦不計其數。」（《戶田城聖全集》第三卷）

一切的行動也立足於與民眾同苦的精神。他在提倡的「地球民族主義」中主張，任何國家、任何民族的人都享有

---

1 1956 年 10 月，於東歐匈牙利發生，以反斯大林的民眾抗議遊行為契機所引起的政治動亂。遊行從首都布達佩斯發展至全國各地，後因蘇聯軍隊介入而被鎮壓。結果死傷一萬數千人，約二十萬人為了逃避彈壓而離鄉背井，成為難民。

和平幸福地生活的權利，其根幹就是「要從地球上抹去『悲慘』二字」的思想，也正是我們 SGI 支持聯合國，促進和平、文化、教育的源流。

無論是實現開放工作組的建議書中包括的「所有地區和人民」的概念，或是召集各方為此進行合作，都是極其艱鉅的事。出於此原因，重溫《聯合國憲章》序言中無一例外地為「所有地方、所有人」所作的誓約顯得特別重要 ——「欲免後世再遭今代人類兩度身歷慘不堪言之戰禍」、「重申基本人權，人之尊嚴與價值，以及男女與大小各國平等權利之信念」，以及「全球人民經濟及社會之進展」。

為了讓聯合國新的國際發展目標走上軌道，並讓「悲慘」二字早日從地球上消失，我要在此提出三個要點。

● 以人為出發點的政治與經濟

首先是讓政治和經濟的焦點回歸到人的身上，以消除造成悲慘的原因。

去年 8 月，我為紀念戶田會長而成立的戶田紀念國際和平研究所，在土耳其伊斯坦布爾主辦了一個資深研究員會議。會議言及敘利亞內戰、以色列和巴勒斯坦糾紛、伊拉克與烏克蘭情勢、東亞地區日漸緊迫的形勢等，並討論使這一連串事態惡化的原因，以及就剛出現的一些令人感到樂觀的趨勢，和該如何讓這些趨勢有所增長等交換意見。

另外，除了探討如何強化聯合國及其他國際機構，以及如何培養能對他人的痛苦感同身受、充滿創意和想像力的青年，會議更深入討論讓政治的焦點回歸到人的身上，並把削減人的痛苦置為政治的根本目的。

《聯合國憲章》和《世界人權宣言》皆表明，維護基本人權是國家的責任，但可惜的是，國家往往是歷史上踐踏人性命和尊嚴的罪魁禍首。我曾經和會議主辦人、戶田和平研究所秘書長凱文‧克萊門茨（Kevin Clements）博士討論過這個問題。其中最極端的例子就是戰爭。自第二次世界大戰以來，完全沒有被捲入武力衝突的國家為數甚少。許多時候，人權和公民自由在國家安全的名義下被犧牲，增強國力遠遠優先於關注弱勢民眾。尤其在近年，極端氣候事件及其他自然災害頻頻發生，令無數人陷入突如其來的貧窮苦境。照顧這些人的需求是所有政治體制的首要任務之一，經濟領域亦如此。

兩年前，羅馬天主教會方濟各教宗曾經針對當前的經濟系統發表言論，備受矚目：「當一個無家可歸的老人死在街頭，這不是新聞，但當股市指數下跌兩點時卻是新聞，怎會這樣？」（《宗座勸諭》）事實正是如此。人們經常只注意到經濟增長率等宏觀指標，在這樣的情況下，人的生命、尊嚴和生活等被邊緣化而不受關注，無論經濟活動有何強勁的表現，人們的日常掙扎是不會得到改善的。

● 提供安身之處

英文的政治「politics」一字出自希臘文「politeia」，此字具有「一國之民的角色」的含義。而中文的「經濟」一詞原本是「經世濟民」的縮寫。如今這詞彙的原意已經幾乎被人遺忘，今日政治和經濟活動的運作原理，似乎只會加劇人們的痛苦。

在思考這問題時，我想起在早期的佛典中，釋尊以「Dharma」的概念來形容人類根本的生存之道。「Dharma」為梵文，語源是來自「維護、扶持之物」的「dhr」。漢譯佛典則把它翻譯為「法」或「道」。也就是說，每個人都必須擁有維護、扶持自己之物。日本佛學家中村元將之解釋為，「作為人應該追隨的道路或遵守的道理」(《誦讀原始佛典》)。

政治和經濟的形態會隨着時代而起變化，從某種角度而言這是必然的，但也有非遵守不可的原則、不容忽視的標準。釋尊在其晚年的說法中，鼓勵弟子要時時遵從「Dharma」為為人之道，他還將「Dharma」比喻為「洲」。釋尊以淺顯易懂的方式說明，倘若現實社會這片大地被洪水淹沒，「Dharma」這塊洲渚將是挽救眾生，供他們棲身的地方。再進一步擴大這層意義，就是政治和經濟在發生危機時，也有必要負起責任，為所有人，尤其是為弱勢群眾提供安身之處，讓他們重拾生存的希望。

從民眾角度追溯政治的起點，就可發現那是源自平民百姓希望透過自己所投的一票，使社會變得更美好此近似祈願的心意。同樣的，經濟的源流也可追溯到一般民眾希望透過工作，為社會盡一分力的期盼。可是當政治規模變得龐大時，政策就不再反映大部分民意，這是所謂的「民主赤字」(democratic deficit)。經濟領域也有相同的情況，在金融市場進行無節制的投機活動會損害實體經濟。

● 甘地的信念與佛法的「中道」思想

那麼要採取些甚麼原則，才能杜絕這些不良趨勢，讓政治和經濟重返正常的軌道？

聖雄甘地贈給朋友的一段話，為我們提供了重要的啟示：「請回憶起至今你遇到過最貧窮、最弱勢的人的面孔，然後問你自己，你現在想做的事對他來說會不會起到任何作用？」甘地規勸世人在作出重大決定時，要考量到其他與我們一同生活在這世界上的人到底立足於何種苦境，而不是一味附和甚麼政治學或經濟理論。

我覺得他的想法與佛法的「中道」思想如出一轍。「中道」的「中」字含有「正中、符合」之意，「中道」並不單指排除極端的想法或行徑，而是經常捫心自問，檢討自己的言行舉止是否脫離為人之道，同時亦不斷地在這社會上留下自己生活的足跡。釋尊在晚年說法時強調「視『Dharma』(法)為『洲』」之時，亦教誨人人應成為自己的安身之處。

這裏提示了「中道」的本義。那絕非鼓勵人去放任自己、為所欲為，而是要如中村元教授所說的：「依憑何時何地皆可引以為榮、高尚的真實自我」（同上）。

為那些受自己行為影響的人着想，反思落在自己雙肩的重大責任，這是顯現真實的自我，磨礪自己人性的途徑。在這反覆不輟的過程中，我們才可以深入探討政治和經濟體制的意義和角色，思考創造恰當的社會條件，使它重顯以人為本的本質。這就是「中道」的真正價值所在。

創價學會牧口常三郎會長主張，在作出這樣的決定時，有時會被批評為悖逆社會與時代的潮流。即使如此，但若違背信念就是「不善」，最終會招致「大惡」令眾多人受苦。

在第二次世界大戰期間，走法西斯主義路線的日本軍政府實施思想統一政策。牧口會長持續糾正此錯誤的行動，約由 1940 年起，牧口會長參加的聚會被特別高等警察監視，學會的定期刊物《價值創造》於 1942 年 5 月被令停刊。1943 年 7 月，牧口會長更被逮捕。

資料顯示，牧口會長被審問時作過如此言論：「有些人出於對世間毀譽褒貶的顧慮，只滿足於不行善亦不為惡，或行小善即可的生活。在極端的情況下，這可演化為只要不觸犯法律就可為所欲為的想法。我認為這些生活方式是謗法。」（《牧口常三郎全集》第十卷）

一般來說，「謗法」是指違反和破壞佛教教義，但牧口

會長是取這詞的廣義，泛指一切違背「為人之道」的言行舉止。環顧讓人嘗盡苦頭的政治及經濟活動，往往可以發現在其背後，有「只要不觸犯法律做甚麼都可以」這種不顧他人痛苦的自我正當化的風潮在作祟。只要有這風潮存在的一天，那麼無論社會在表面上顯得如何繁榮，這種「今日有酒我先醉，哪管他人明日悲」的自我中心態度只會招來更多悲苦，而這繁榮景象只是浮光掠影，並不會持久。

● 關心社會的百分之五的人決定未來

由於這態度在社會上普遍可見，所以讓政治與經濟重現以人為本的本質，使其活動焦點轉回「消除民眾痛苦」之上，顯得特別重要。

這種動向也確實開始萌芽。例如已經有一百一十個國家設立了聯合國人權理事會及其他機構所呼籲的全國人權機構。這些機構在致力建構維護人權、促進人權教育的法律制度。我曾於 1998 年的紀念倡言中提倡各國政府與非政府組織達成建設性的夥伴關係，共同探究這些機構該以怎麼樣的形式出現。（《和平論壇》，*A Forum for Peace*）

在經濟範疇，去年 5 月歐盟的十一個成員國同意一起實施新的金融交易稅。此稅收制度是汲取了 2008 年金融危機嚴重打擊全球經濟的教訓而設立，其用意在於抑制過度投機，並通過稅收來進行利潤再分配。這稅收制度有可能於 2016 年實施。我早於六年前的紀念倡言中，已呼

籲透過國際合作來實施這種稅收制度，以便為「千年發展目標」的推進籌集所需的資金。（同上）我建議各國展開建設性的競爭，爭相為未來的發展推出新的想法和構思，而這樣的稅收制度可以成為其中一個競爭項目。在實現新的聯合國可持續發展目標的過程中，這更是個不可或缺的環節。

要重新讓人成為政治和經濟的受惠主角，其所需的最大動力就是堅決守護人類共同未來的一般民眾的團結。牧口會長曾說社會精神離不開個人，又強調個人的意識變革會擴散開來，成為新的社會精神。（《牧口常三郎全集》第二卷）

我與和平學者埃莉斯・博爾丁（Elise Boulding）博士就社會變革的方式進行懇談時，博士對我說：「我一直深信，如果傾注全力協助社區每個人的成長，那麼一個健全和平的世界是有望實現的。」（《讓和平文化之花盛開》，*Into Full Flower*）她也強調，社會未來的動向，由人口中活躍於社會、關心社會的百分之五的人決定。換言之，這百分之五的人最終會改變整個社會的文化。這番充滿確信的話給了我莫大的希望。

由此可見，人數的多寡並不重要，能否讓政治和經濟的焦點回歸到人的身上，就看關注此事的民眾有多團結。在國內與國外，讓不希望見到任何人受苦的一般民眾都站在同一陣線上，是改變時代潮流的關鍵所在。

SGI 傳統的座談會通過發表體驗等，徹底地將焦點放在每一個人的幸福之上，互相點燃「生存希望」的燈火（2014 年 2 月，阿根廷布宜諾斯艾利斯）。

● 自強的連鎖效應

我想討論的第二個要點，是關於發掘人們超越並化解苦痛的能力——「自強的連鎖效應」。

在近數十年，極端氣候事件及其他自然災害在世界各地造成嚴重禍害，釀成嚴重的人道課題，其中有日本阪神大地震（1995 年）、印度洋大地震（2004 年）、海地大地震（2010 年）、日本東北大地震（2011 年）、菲律賓受颱風海燕侵襲（2013 年）等等。據聯合國統計，在 2013 年，全球共有 2200 萬人由於自然災害影響而流離失所。統計還指出，這比因武力衝突而流離失所的人要多出三倍。（《2014 年全球估測：災害造成的流離失所者》，*Global Estimates 2014*）

我也體驗過失去家園的深切悲痛。第二次世界大戰期間，我家由於父親體弱多病，兄長們又相繼被徵召入伍，經濟狀況每況愈下，在逼不得已的情況下，只好賣掉老家。新搬的家又在國家防止空襲燃燒的理由下被拆掉，搬到下一間房子又馬上被燃燒彈炸毀。

　　因為有過這些經歷，我能切身體會那些失去心愛的人、被迫離鄉背井的人所承受的悲哀和痛苦。這種悲痛等同於失去自己存活的世界之苦。我認為真正的重建和復原，是讓所有災民找回希望，重新點燃活下去的意志。為了達到這目的，來自社會不間斷的支援是必不可少的。

　　其實這種失去安身立命之地，或喪失歸屬感的情況處處可見，只是沒有如災害或武力衝突時來得顯眼。就日本的情況而言，據估計每五名六十五歲以上的高齡人士中，就有一人處於貧窮狀態，而每六名孩童中，就有一名由於貧窮而三餐不繼（《國民生活基礎調查》）。大部分人除了面對經濟困難之外，還得飽受遭社會孤立之苦。

　　在思索如何解決這問題時，美國政治哲學家馬莎・C・努斯鮑姆（Martha C. Nussbaum）博士的真知灼見可以給我們提供參考。博士指出，社會契約說[2]的傳統概念，沒

2　一種近代政治思想，認為人生下來就享有自由和平等的權利，為了保障這權利而需要形成一個相互締結契約的社會。是說明現代國家的正統性與存在理由的理論。具有代表性的思想家有霍布斯、洛克、盧梭等。

有把老人、孩童、婦女以及殘障人士的情況考慮在內。她提到，其中一個原因是功利主義：「某一個人的極大痛苦和悲哀，可被多數人的幸運抵消。這裏忽視了一個重大的道德事實 —— 一個人只有一條命可活。」(《正義的界線：殘障、全球正義與動物正義》)

努斯鮑姆博士呼籲，拋卻至今把互惠互利看成社會唯一運作原理的觀點，重新建構一個以人的尊嚴為本、不離棄任何人的社會。她也指出，任何人都有可能因生病、衰老或遭遇意外而需要他人的照顧，所以人人皆應以當事人的身份，來思考新的社會方針。

努斯鮑姆博士的論點有許多與佛法相通的地方 —— 兩者皆着重於探討如何面對生老病死這四個人生必經的階段。四門遊觀[3]的佛教典故廣為人知，這裏刻劃出釋尊出家修行之前的心境。與衰老、生病等現實相比，更令釋尊心痛的是，人們必須獨自面對這些痛苦。許多人不是孤獨死在街頭，就是臥病在床無人照顧。釋尊看見人與他人失去聯繫，獨自一人飽受痛苦時，似乎特別感到悲慟難熬。

實際上，釋尊在講授佛法之餘，還親自去照顧那些孤立無援的老人和病人，並嚴厲地告誡弟子不要視而不見。

3　釋尊還是釋迦族王子，為了遊玩而外出時，見到各種各樣的人而明白到人生有生老病死的四苦。也叫「四門出遊」。《修行本起經卷下》説，釋尊從王宮的東、南、西門出外時，分別見到了老人、病人和死人。而最後從北門出外時，見到了出家人，因而自願出家。

佛典有云：「應時得友樂。」(《法句經》) 無論是患病或是衰老，生命的尊貴價值不會改變。雖然如此，若與外界隔絕，或原本的自己不被他人接受，人們往往會痛苦不堪。釋尊無法對這種情況坐視不理。

大乘佛教的緣起法理，指出生命與生命交織所產生的關聯性，形成了這世界的森羅萬象。能意識到這種關聯性，就能把生病、衰老等痛苦經歷，轉化為使自己和他人人生更顯尊貴的契機。儘管如此，假如只從理論上去了解這關聯性，那是無法帶來任何有意義的改變的。

誠如日蓮大聖人所說：「人向鏡中禮拜時，則鏡中又向己禮拜矣。」(〈御義口傳〉)，明白到他人的生命和自己的同樣尊貴，需要珍惜時，才會有這種生命的互動交流。就是在這種能同甘共苦的關係當中，才能燃起彼此活下去的勇氣和意志。

以提倡「認同」(identity) 概念聞名的心理學家埃里克‧H‧埃里克松 (Erik H. Erikson) 提出與緣起論相同的論說：「在這裏，一起生活並非指偶然地在近距離生活。那意味着互相參與彼此人生的各個階段，就如齒輪相吻合那樣，在推動他人的同時，也被他人推動。」(《領悟與責任》，*Insight and Responsibility*)

我要一邊參考埃里克松的論說，一邊深入討論緣起論的無限可能性。那就是，讓身陷苦痛的人發奮圖強，使自身生命尊嚴發放光輝，照亮社區和社會。

● 博爾丁博士的晚年生活

我首先想談一談埃里克松有關「成熟的人需要得到他人需要」的論點（《童年與社會》，*Childhood and Society*）。我是如此理解這句話：「無論自己處於任何狀態，當感到有人需要自己時，就會產生要回應對方的意願。這意願會喚出生命與生俱來的潛力，化為讓人性尊嚴發放光芒的能量。」

這令我想起剛才提到的埃莉斯・博爾丁博士的晚年生活。在博士去世的數年前，數名 SGI 代表去拜訪她，已過八旬的博士對他們說，雖然已經沒有足夠力氣去寫書，但還能夠為朋友和後進寫點序言等，無論有多少要求，都很樂意去滿足他們。

即使後來患病住進養老院，她每天依然在思考自己在能力範圍內能做些甚麼。她對來探訪的學生克萊門茨博士說，微笑、稱讚他人、感謝醫療人員的關心，都能讓周圍的人感到幸福。一直到去世的前一刻，她仍舊像過往在家中款待朋友一樣，以美好熱情的心來款待前來探望她的人。

博爾丁博士的例子顯示，無論處於何種情況，只要與他人保持聯繫，就能讓周圍的人享受真正幸福快樂的時光，而自己的人性也會更加熠熠生輝。這些生命片段，會保留在自己和他人的心中，成為自己存在於世的證明。在我看來，這高尚的生命光輝，正是一種無論情況如何皆堅持發揮的自強之力。

● 重塑人生的意義

　　埃里克松的另一個論點是，人有能力重塑人生的意義，這能力不但可以阻止悲傷擴大，還可以打破由悲傷引起的惡性循環。人生不能回到過去重新起步，但如果與他人分享自己的經驗，那麼過往的經歷會添上新的意義。埃里克松認為這代表了一種希望。

　　SGI 的信仰活動正是那樣的場所。會員在活動中分享自己的體驗，其他參加者可以從中加深確信。SGI 舉辦座談會的傳統，是始於牧口會長的年代。

　　會員在座談會上談到自己如何尋獲幸福、找到生命的意義，也敘述喪失親人的痛苦、患病的經歷，談到所遇到的經濟困難、工作與家庭問題，以及分享遭到歧視、面對偏見的體驗。在那裏，會員可以共同體會到，每一段人生歷程都有其重量而且是不可代替的，同時也可以自由自在地分享彼此的體驗，並且從其他人克服痛苦的奮鬥中得到鼓勵。

　　分享體驗的人會意識到，這些體驗是人生旅途中的一個個里程碑，今日的自己由這些里程碑疊砌而成，人生今後的成長和前進，亦靠這些經驗為其提供動力。對聽者而言，他人的體驗可以給自己帶來勇氣，使自己有能力面對眼前的問題和挑戰。如此以同理心為起點的「自強的連鎖效應」，是我們信仰活動的核心。

我要強調的是，當一個人在痛苦的深淵中發掘到人生的意義，他的人生經歷會給其他人造成深遠的影響。他們的體驗可以跨越國界和年代，為許多人帶來希望和勇氣。

埃里克松從甘地的一生，看到一個忠於自己的哲學、以身作則的楷模，還親自為他書寫評傳。埃里克松如此描述聚集在甘地跟前的青年們：「這些年輕人才華出眾，他們的性格似乎都有個相同的特點，那就是由早年起就特別關心那些被遺棄、欺壓的人。他們的關心範圍最初為自己的家庭，但後來變得越來越廣，程度也越來越強烈。」（《甘地的真理》，*Gandhi's Truth*）這與甘地本身行動背後的動機相同。他在年少時遭人歧視的經歷，促使他先在南非投身當地的人權奮鬥，後在印度發起非暴力運動，為印度爭取獨立。甘地最大的心願，是見到全人類一人不漏地從欺壓中得到解放。他的強烈熱忱感染了與他一起行動的青年。

甘地逝世後，他的精神仍照亮着後世，指引那些為守護人的尊嚴而奮鬥的人，其中包括人權鬥士馬丁·路德·金和南非前總統曼德拉。我於 1995 年 7 月和曼德拉前總統見面時，我們談到了他為了紀念甘地誕辰一百二十五週年，為一本學術雜誌寫了一篇談論甘地入獄經歷的文章。我當時也曾為該雜誌投稿。曼德拉前總統寫道：「在本世紀的開頭，身為囚犯的甘地也忍受過相同的苦頭。雖然時代相隔，但由於同樣地有過入獄的經歷、曾與不公正的法律戰鬥、面對過希冀和平與和解的理想遭暴力威脅的事

實，我們之間有一道紐帶。」(《階下囚甘地》，*Gandhi the Prisoner*)

甘地披荊斬棘地奮鬥過來，這對曼德拉前總統來說無疑是一種精神的支撐，幫助他抵受二十七年半的監獄生活而堅貞不屈。

半個世紀前，我開始執筆撰寫長篇小說《人間革命》，這部小說的核心主題為：「一個人偉大的人間革命，將能轉換一個國家的宿命，進而能夠轉換全人類的宿命。」這主題表達了「自強的連鎖效應」思想。「自強的連鎖效應」的可能性無可限量，它不只超越國界的阻隔，也超越時間的限制，把來自不同年代的人聯結起來。

● **超越差異，擴大友誼**

我要討論的第三個要點，是關於超越差異，擴大友誼，構築共生的世界。

近年，糾紛和衝突的性質出現了巨大的變化，這是令人擔憂的趨勢。首先是越來越常見的「內戰國際化」現象，即發生在某個國家的衝突，由於其他國家或集團的介入而蔓延到國際舞台上。敘利亞的內戰就是因為這緣故，而無法達致任何停火、和平協議。

另一個趨勢是軍事目的的逐漸轉變。根據德國軍事理論家卡爾‧馮‧克勞塞威茨 (Carl von Clausewitz) 在《戰爭論》中提出的定義，戰爭的目的是強制對方服從自己。不過

現在的重點卻在於殲滅被視為敵人的一方。在發生衝突的地區，用遠程武器來攻擊孩童或其他平民已經不是罕見之事。這種殺無赦的軍事行動漠視敵方的人性，也不顧對方生存的權利。最終會出現甚麼後果，光是想像都讓人不寒而慄。

由日新月異的武器科技，再配上這種殺無赦主義所能引起的恐怖後果，不僅違背國際人道法，更是與「為人之道」背道而馳。

去年聯合國開始討論「致命性自主武器系統」(lethal autonomous weapon systems，亦被稱為「自主機器人殺手」)。我們有必要清楚地意識到，世界正處於戰爭全面自動化的門檻上。

同時也要注意到，這種殺無赦主義不是只在發生衝突的地區才能見到，它已在世界許多地方落地生根。2013年12月，聯合國推行了「人權先行」倡議 (Human Rights Up Front initiative)，其主旨在於迅速處理個別的違反人權事件，以防這些事件升級為大規模的殘暴慘劇或戰爭罪行。

在很多國家，仇恨性言論 (hate speech) 是個嚴重的社會問題，雖然這不是像仇恨性犯罪 (hate crime) 那樣直接傷害人的身體的暴力行為，但同樣出自蓄意傷害對方的惡毒居心。那是一種侵犯人權的行為，是不容忽視的問題。假如這種基於歧視的暴力或欺壓事件發生在自己或家人身上，相信任何人都不能接受。但是，當這些事情發生在其他人民或族群時，就會有認為受害者咎由自取的人出現。

為了避免事態繼續惡化，我們首先要拋開這種群體心理，盡量製造與他人面對面接觸的機會。在考慮這問題時，我認為大乘佛典《維摩詰經》中舍利弗和仙女的故事很有啟發性。

文殊受釋尊之託去在家信徒維摩詰家探病，舍利弗也與他同去。探病中，文殊和維摩詰深入討論佛法。當談話到達最精彩部分時，在場的仙女把花散在眾人身上以表示她心中的喜悅。花朵也落到舍利弗身上，但舍利弗認為自己是修道人，與此不相襯，嘗試把花拂掉卻拂之不去。看到這樣的情形，仙女指責舍利弗說「是華無所分別，仁者自生分別想耳」，指出舍利弗的心受這種執着束縛，令他不能拂掉。

舍利弗雖然明白此道理，但仍然喋喋不休地質問仙女。對此，仙女以神通力把舍利弗變成仙女，而自己化身為舍利弗。對於驚訝不已的舍利弗，仙女繼續曉諭他不應囿於這種區分他人的心理，然後再把彼此變回原來的自己。經過這場爭執，舍利弗深深明白到，自己不應執着於外表外觀，任何東西本來都不具有固定的特性。

我認為這故事中最重要的情節，是舍利弗和仙女互相變成對方。這令舍利弗首次感受到自己看人的眼光是如何傷人的，也令他了解自己的過失。

在這個全球化時代，跨國越界越來越普遍，很多人無論到國外旅行或居住，都有可能從他人的眼眸中，感受到自己曾在無意間向造訪自己國家的外國人所投擲的歧視目

光。正因如此，花功夫去理解對方的立場，嘗試從他人的角度看待事物變得愈發重要。

一旦缺乏這樣的努力，特別在關係變得緊張的時候，自己對和平、正義的理解，往往會成為威脅他人性命和尊嚴的利刃。故事中舍利弗與仙女變成對方的一幕給了世人一個重要的啟迪，鼓勵人要破除成見，積極地從他人和他們家人的角度，去體諒他們到底在面對甚麼樣的問題和威脅。

本來當釋尊差遣舍利弗去探訪維摩詰時，他最初是不願意去的，後來陪同文殊去到維摩詰家時，又顧忌自己沒地方坐。維摩詰的情況恰好相反，當被文殊問及生病理由時，他回答說：「以一切眾生病，是故我病。」（《維摩詰經》）他還對來探病的客人說，假如關心他的病，就應該關心其他患病痛苦的人，鼓勵他們。由此可見，與只為自己的事操心的舍利弗相比，維摩詰的心是不分彼此地繫在所有受苦之人的身上。

如果從《維摩詰經》的角度來觀看今日的世界，我們可以得到以下教訓：和平與正義是人人共享的善事，但如果因「自己的執着心」而將其區分或生起衝突，那麼就給予自己正當理由向與自己對立的一方施予暴力和欺壓。

● 傾聽彼此的人生歷程

增進全球民眾的團結，讓更多同樣關心現今世界所面對的威脅，如氣候變化所造成的極端天氣事件，或使用核

武器所帶來的災難性後果等問題之人都站在同一陣線，這是讓人們消除痛苦的關鍵。

以對話來擴大友誼，增進全球民眾的團結，這是每個人在任何時候都可以辦到的事。過去我曾和印度尼西亞前總統阿卜杜勒－拉赫曼‧瓦希德（Abdurrahman Wahid）就伊斯蘭教和佛教進行對話。瓦希德先生說道，不管來自甚麼民族、文化或歷史背景，對話賦予人一張「人的面孔」。通過會面和反覆對話，人們可以深入了解彼此的人生歷程。一個人的種族和宗教背景是那個人的重要特徵，我們必須了解和尊重這點，但卻不可讓這成為與人會面或對話時唯一談到的話題。在對話中產生的認同感和信賴，可以

池田 SGI 會長印度尼西亞前總統、伊斯蘭團體領導人瓦希德博士展望人類共生的二十一世紀（2002 年 4 月，日本東京）。兩人就伊斯蘭教和佛教進行對話輯錄成對談集《和平的哲學 寬容的智慧》。

說是兩個生命在交流中共同譜寫的玄妙樂曲。這才是友誼的真正價值及意義。這便是歷史學者阿諾德・J・湯恩比（Arnold J. Toynbee）博士所説的：「這些真實世界的情景，閃耀着難以估計的價值。」（《從西到東：環遊世界記》，*East to West*）

當我們不再執着於自己本身的立場，凝視對方作為人的生命光輝時，心就能相通，自然而然地締結友誼。自四十三年前（1972 年）與湯恩比博士對話以來，我有幸和不同種族、宗教和國籍的世界領袖和有識之士就人類的未來進行對話，建立了一段又一段寶貴的友誼。

SGI 會員亦通過這樣的一對一交流，擴大友誼。為了把基於排他主義的「戰爭文化」，轉化為將差異稱頌為人的多樣性、誓要維護彼此尊嚴的「和平文化」，我們更將全力以赴。

我們推進教育文化交流，為各國各地區的人民提供一個會面、相互信賴和加深友誼的平台，期待這樣的深厚友誼在國家關係趨於緊張狀態時，能防止仇外主義的萌生。希望我們的努力可幫助建構一個不受群體心理等不良因素影響的堅韌社會。以往，即便國家間政治或經濟關係處於冰封狀態，我們仍鍥而不捨地確保對話和互通消息的管道不會封閉。我們的努力迄今已相傳了好幾代人。

我於 1963 年創辦的民主音樂協會，去年開設了民音音樂博物館附屬研究所。民主音樂協會於這半個世紀，和

一百零五個國家、地區的藝術團體和文化機構交流。結合這五十年的經驗，該研究所會探求如何通過音樂、藝術等文化力量去構築和平。

● 共同展現「最美好的自己」的方法

另外，各國和地區的 SGI 組織也積極推進文明間和宗教間對話，期待透過這些活動，為各方提供機會分享彼此的經驗，尋找打破仇恨與暴力惡性循環的方法。我們以化解人的痛苦為出發點，參與各類專題討論，嘗試發掘並綜合各文化和宗教傳統的智慧，找出於解決問題所需的倫理和行動規範。

捷克前總統瓦茨拉夫・哈維爾（Vaclav Havel）於 1996年發表的一席話引人深思：「在下個世紀，歐洲唯一最具意義的任務，就是透過其優良精神傳統，盡其所能讓整個區域再顯朝氣，並創意十足地塑造一個全球共生的新形式。」（《歐洲的任務》，*Europe as Task*）如果把這席話中「歐洲」一詞，理解為「各國的文明和宗教」，那麼哈維爾先生的話就彷彿在形容我們 SGI 一直在推進的對話模式。透過對話，各精神及宗教傳統可以互相啟迪，分享彼此最崇高的精神能量，而且我們也可以磨練自己的人性使之趨向完美。對話還鼓勵我們展示自己最美好的一面，與他人共同行動。

SGI 希望透過這些活動，規勸人們不可與暴力欺壓沾上關係，要發揚共生的精神，建設一座和平不戰的堡壘。

我們為了「不讓自己不願嘗到的痛苦落在他人身上」此共同目標，全力促進人類的團結。

剛才提到的《維摩詰經》，有一個描述全世界被一塊寶蓋覆蓋的場面：「與五百長者子，俱持七寶蓋，來詣佛所，頭面禮足，各以其蓋共供養佛；佛之威神，令諸寶蓋合成一蓋，遍覆三千大千世界，而此世界廣長之相，悉於中現。」

當時在釋尊跟前聚集了五百名青年，人人各持一塊寶蓋。他們的寶蓋在釋尊神通力的驅使下，砌成一塊覆蓋整個世界的巨蓋。這巨蓋代表了青年們期待創建一個和平與共生的社會的心願。青年們手中的寶蓋並非只為他們各自阻擋日曬雨淋。他們來自各地，生活也各不相關，但都超越了一切差異，同德同心地創造出這龐大無比的寶蓋。在我看來，這巨蓋的比喻精妙絕倫地闡明，在團結一心的情況下，人所能夠展現的可能性是無可限量的。

聯合國即將採納的以 2030 年為期限的新國際發展目標，不正是代表了如此團結一心的精神嗎？那是一種要維護全球民眾的生命和尊嚴，令所有人無須再面臨任何威脅和悲慘的決意。有了如此精神，發展目標才有望實現。

● 實現聯合國的「創造性進化」

為了從地球上抹去「悲慘」二字，我認為不能再墨守以往的想法，急需想出一些創新的方法來推進。以下是我一些具體提議。

回顧聯合國近七十年的歷史，我想起了第二任聯合國秘書長達格・哈馬舍爾德（Dag Hammarskjold）在其 1960 年度報告上所寫的一段話：

「聯合國是我們這世代的政治環境所創造出的有機產物。而同時由於國際社會在其中實現了政治上的自我意識，假如國際社會能有意義地利用聯合國這個組織，就能對聯合國創造出的政治狀況有所影響。」（《對年度報告的介紹》，*Introduction to the Annual Report*）

聯合國作為一眾主權國家的集合體，必然會受到各種制約和限制。儘管如此，國際社會的自我意識是由聯合國孕育下形成的，這正是聯合國在達成其本來使命所需的動力。

聯合國為了實現其憲章所表達的精神，推出了各項任何國家也不能動搖的原則，這對各國的政策有着極大的影響。《世界人權宣言》是一個好例子。

曾參與起草《世界人權宣言》的法國哲學家雅克・馬利丹（Jacques Maritain）說，即使大家在理論上持有相反立場，也能夠實際上達成協議，列出一套人權規範。假如缺少了聯合國從中提供強而有力的平台，參與起草的各方不可能超越意識形態與文化上的差異達成共識。（《人和國家》）

聯合國這些年提出了如「可持續發展」、「人的安全」等概念，又策劃各項「國際年」和「國際十年」，讓全世界更加

關注這些緊急課題，並且還帶領國際社會對向婦女施暴、童工等這些在一國之內很容易被忽視的嚴重問題採取應對措施。

人們的生命與尊嚴受保護的程度在逐步上升。國際社會在這眾多問題上形成疊加共識的趨向，而那些受壓迫的人所面臨的問題也已備受關注。在這樣的情況下，國際法的管轄範圍由國家擴張到每個人，相信這是唯有聯合國才能扮演的角色。

聯合國目前在準備通過一個比「千年發展目標」內容更具深度的新目標。正如哈馬舍爾德秘書長曾呼籲「要卸下一如既往的觀念與行事作風的盔甲」（《就職演說》第二章，*Address at the Inauguration*），國際社會應齊心合力促成聯合國的「創造性進化」。

聯合國於 2014 年 6 月在肯尼亞內羅畢召開的聯合國環境大會（UN Environment Assembly）或許是個開端。會議的目的在於討論改革聯合國環境規劃署（UN Environment Programme），所有會員國皆派遣代表出席，許多與會者都是活躍於環境問題領域的民間社會團體代表以及企業界人士。

解決全球問題有兩個必要條件，其一是所有國家的參與，其二是聯合國與民間社會的密切合作。這是我的一貫主張。不單是環境問題，在面對所有威脅人類生命和尊嚴的課題時，符合這兩個條件的共同行動是不可或缺的。我

認為這是使將迎來七十週年的聯合國實現「創造性進化」的關鍵。

　鑑於聯合國的使命，我想就以下急需「聯合大家共同行動」的三點提出我個人的意見，以便從人類的詞彙中抹去「悲慘」二字。

　1.　維護流離失所者與國際移徙者的人權。

　2.　禁止和全面廢除核武器。

　3.　建設可持續發展的全球社會。

聯合國難民署與非政府組織召開年度大會以「強化保護：宗教團體所扮演的角色」為題的重要議程。創價學會與伊斯蘭教、基督教、猶太教等團體一同出席，並介紹了創價學會在日本 311 大地震的賑災活動（2011 年 6 月，瑞士日內瓦）。

● 維護難民的人權

有關第一點「維護難民與國際移徙者的人權」的共同行動，我提議在今年秋天聯合國大會準備通過的新國際目標中，加進「維護所有難民與國際移徙者的人權和尊嚴」這一項。

前面已講及，我恩師戶田會長之所以呼籲要從地球上抹去「悲慘」二字，是因為他看到1956年發生的匈牙利事件中，許多難民飽受塗炭之苦的情形。

把二十世紀稱為「難民世紀」的哲學家漢娜‧阿倫特（Hannah Arendt）曾警告說：「當一個人無法理所當然地居留在他出生之地，或非出己願要選擇離開時，那麼他所面對的，是比他享有自由與公正的公民權受到威脅更加嚴重的問題。」（《極權主義的起源》）

他們完全喪失了構成人的尊嚴最基本的「自己生長的世界」，完全喪失了人權，這正是難民們痛苦的根源。

聯合國難民事務高級專員辦事處最初於1950年成立時，不過是一個暫定的機構，主要目的是保護第二次世界大戰時的歐洲難民。後來發生匈牙利十月事件，導致大批難民出現，而亞洲、非洲及其他地方也相繼發生難民問題，使該機構的任期不斷被延長，直至2003年，聯合國大會才通過一項決議案，把任期延長到「直至難民問題得到解決」為止。

至今，聯合國難民署致力協助難民，為他們作出極大貢獻，我們 SGI 也在各方面盡力提供支援。

但是今日的世界越來越混亂，難民問題也越來越棘手，逃亡外國的難民、在自己國內顛沛流離的人，以及尋求庇護的人多達 5120 萬人次，其中過半數未滿十八歲。

尤其令人擔憂的是被迫離鄉背井超過五年的「長期難民」情況。他們佔了受聯合國難民署支援難民的半數以上，而且他們成為難民平均已有二十年之久，這意味着他們的子孫一輩也同樣地過着政治、經濟和社會動盪不安的生活。

無國籍人士的問題同樣令人感到震驚，據估計世界上有約一千萬人受這問題影響。沒有國籍就會被一切醫療保健和教育制度拒於門外。為了守護家人的安全，有些人甚至不得不隱蔽身份國籍暗地裏過活。而且越來越多人為逃避人權壓迫或暴力而離開家園，他們在避難過程中誕下了下一代。孩子一出生就因得不到出生證明而淪為無國籍人士。聯合國難民署從 2014 年 11 月開始推行了要在十年內消除這無國籍人問題的運動。

牧口會長於 1903 年著作的《人生地理學》中提出人了三種自覺：一、扎根於社區的「鄉民」自覺；二、立足於國家社會生活的「國民」自覺；三、意識到自己與世界息息相關的「世界公民」自覺。

牧口會長強調，人要同時擁有這三種自覺方可發揮其多面的可能性，並生活得豐富多彩。

從這點來看，長期難民和無國籍人士被剝奪的，不單是以一名國民的身份參與自己國家社會生活的機會，也包括在社區內和鄰居們交往，以及和其他國家人民為了營造自己理想的世界而攜手行動的機會。

假如要體現新的「可持續發展目標」所指望的包涵「所有地方、所有人」的全面性，那麼把消除這些人的痛苦，定為聯合國創造性進化的主要目標是勢在必行的。這完全符合《世界人權宣言》極力主張的「普遍性人權」宗旨。

除了上述的難民問題，我們還急需解決影響二億三千二百萬國際移徙者的人權問題。

在經濟長期不景氣、社會日益動盪不安的國家，外來勞工往往不受當地人歡迎，他們和他們的家人甚至會受到歧視和排斥。在這情況下，接受正規僱用的機會，以及接受教育、享有醫療服務等權利均受到大幅度限制，即使在生活上受到不當待遇也不會得到社會的關注。考慮到外來勞工和其家屬被邊緣化，而感到孤立無助的問題不斷加劇，聯合國已展開行動，嘗試糾正這樣的誤解和偏見。於2013 年 10 月的國際移徙與發展問題高級別對話 (High-level Dialogue on International Migration and Development) 上，各國政府同意新的可持續發展目標應該反映國際移徙對發展的重要性。

但是我認為這樣依然不足夠，除了從發展的角度看待此問題，還有必要把維護外來勞工及其家屬的尊嚴及基本

人權，明確地列為該目標的其中一個項目，並強調要消除他們所面臨的苦境。

現有的國際移徙保護對策需要加強，這包括早於 1990 年 12 月通過卻只得到少部分國家簽署的《移徙工人公約》（International Convention on the Protection of the Rights of All Migrant Workers and Members of Their Families）[4]，以及國際勞工組織所提倡的確保「體面勞動議程」（Decent Work Agenda）。

● 在災區仙台舉行聯合國世界減災大會

我還想進一步提議設立讓同屬一個區域的鄰近國家合作，來改善難民處境的機制。收容為數眾多難民的區域尤其有此需要。

近年來，除了武力衝突，天災和異常氣候等也是造成大批難民出現的原因。關於這問題，值得特別一提的是，為了 2016 年於伊斯坦布爾舉行的世界人道主義峰會（World Humanitarian Summit），而於各地區展開的磋商會議。舉辦峰會的目的是為了商討對策，讓全球社會更易於合作，共同化解糾紛、貧窮、天災、異常氣候等所引發的人道危機。

---

4   正式名稱是《保障所有移徙工人及其家庭成員權利國際公約》。於 2003 年生效。保障勞工移民跟當地勞工同工同酬、接受同樣社會福利、醫療服務等權利。明確保障勞工孩子們可以登錄出生國的國籍、接受教育的權利。

於 2014 年在東京召開的磋商會議着重討論應對災難的策略，再三指出確保受災人士有機會在人道救援中扮演關鍵角色，令他們自強起來以活得有尊嚴。

　　這也是我們 SGI 在參與災區的重建工作時最重視的一點。身心飽受創傷的人，最能體會處境相同的人所受的痛苦。以人的同理心為基礎的社會體制，可以為需要幫助的人提供必要的支援，激發他們勇於邁步向前的意志力。

　　聯合國第三屆世界減災大會將於 311 日本東北大地震四週年的今年 3 月在仙台舉行。作為其關聯活動，SGI 會與其他團體一同主辦以「透過減少災害風險的合作加強東北亞地區的韌性」為題的會議。屆時來自日本、中國和韓國的民間社會代表會出席，與會者將討論如何加強減災、重建等領域的合作。同時，東北地區的創價學會青年會員也會主辦一場以「減少災害風險，着重青年在災後重建中扮演的角色」為題的論壇。此外，我們也會參加多項為探討以信仰為基調的組織於減災方面的角色而召開的會議。

　　這些活動的重點是商討如何讓災民自強，使其成為增強社會韌性的主體。這與因長期化難民人數不斷上升，而需要確保難民尊嚴與人權受到維護的問題是同樣重要的。不管遭遇人道災難的人所受的痛苦出於何種原因，其本質都是一樣的：他們被迫離鄉背井，人生與生活的基礎遭摧毀。重要的是，我們如何才可讓他們重新燃起希望。

　　現在八成的難民由發展中國家收容，在非洲採取措施

來處理長期化難民的問題顯得特別重要。非洲聯盟和西非國家經濟共同體 5 正在嘗試建構一個區域性的合作框架。

某個調查作出了如此推斷，引人深思：作為應付長期化難民問題的對策，一些地方推行了「實際融合」而取得了一定的成果。「實際融合」有如下的特徵：一、沒有被強制遣返的危險；二、不被強迫住進難民營；三、無需依靠援助來維持生計；四、享用當地的教育、職業訓練、醫療制度；五、通過慶弔儀式融入收容國的社會。調查指出，「實際融合」正在非洲的一些農村實施。

西非國家經濟共同體部長理事會於 2008 年主張，讓難民享有與西非國家經濟共同體加盟國公民同等的待遇。響應此主張，棲身在尼日利亞及其他國家的難民得到出生國所頒發的護照，讓他們的地位由難民轉為外來勞工，也給了他們在收容國定居的機會。

● 給世界一張更人性化的面孔

我的朋友尼日利亞作家沃萊・索因卡（Wole Soyinka）曾說：「設身處地為他人着想，這才是正義的根本。」（邁向 21 世紀的創造論壇）

5　於 1975 年設立的共同體。建立共同關稅、促進貿易等，為促進經濟發展進行合作，加強地區一體化進程。現有西非十五個國家加入。最初為了解決難民問題，由維護區域安全方面開始合作，目前在推進讓難民能定居於庇護國的協議。

非洲自古以來盛行民眾交流，對不同文化的人也包容接納。我認為這種精神，是解決難民問題的關鍵。

五十五年前我首次訪問聯合國時，看到許多獨立不久的非洲國家代表意氣風發地參加議論，這情景讓我印象深刻，也使我確信二十一世紀是非洲的世紀。

如曼德拉前總統的人權奮鬥、環境活動家馬塔伊博士的植樹造林運動等，這些象徵着人類冀求的「和平與人道的二十一世紀」將要落實的偉大挑戰，都是從非洲發起的。

儘管困難重重，非洲各國仍然嘗試透過區域性合作來處理難民問題。在聯合國即將通過新的「國際發展目標」之際，非洲所積累的智慧與經驗，可以如南非反種族隔離制度鬥士史蒂夫・比科（Steve Biko）所說的那樣，「給世界一張更人性化的面孔」（《我隨心所欲地寫》，*I Write What I Like*）。

我希望看到收容眾多難民的亞太地區，以及因敘利亞內戰等問題而難民劇增的中東地區等向非洲看齊，加緊區域性合作。

作為一個關鍵步驟，我建議收容難民的國家與鄰近諸國合作，採取行動促使難民自強。更具體來說，我建議在區域性合作下設置國民和難民都通用的自強體制，為全體難民和收容國的青年和婦女提供教育和就業援助。這是一種可持續發展的難民支援體制，難民可以透過這樣的體制與當地民眾加深聯繫，整個區域會因此變得更具韌力。

● 實現「無核武器世界」的共同行動

第二點就是為了實現「無核武器世界」的共同行動。

聯合國成立後大會首次通過的，是關於原子武器的決議。在草擬《聯合國憲章》的期間，原子武器的存在還沒有被公諸於世，所以議論只集中在安全而不是裁軍的問題上。該憲章於 1945 年 6 月制訂，約一個月後，廣島和長崎遭原子彈轟炸。有關這事件的新聞傳遍世界各地，世人為之震驚，迫切期待聯合國會對此前所未有的挑戰作出反應。

聯合國大會一致通過一項決議，表明要毫無例外地完全廢除這類武器：「摒除國防軍備中原子武器以及其他一切為廣大破壞之主要武器。」（設置委員會處理由原子能之發現所引起之問題）

雖然這呼籲因冷戰局勢緊張而幾乎被淡忘，但於 1950 年推行的《斯德哥爾摩宣言》簽名運動（Stockholm Appeal）召集了上百萬的簽名，據說對不在朝鮮戰爭中使用核武器的決策中起了一定的影響，而隸屬東西兩方陣營的科學家也於 1957 年成立帕格沃什科學和世界事務會議（Pugwash Conferences on Science and World Affairs）以應對來自核武器的威脅。這些民間社會所展開的行動，為訂立一個管制核武器的國際法律制度鋪路，再加上 1962 年把全世界推到核戰爭邊沿的古巴導彈危機所帶來的教訓，《不擴散核武器條約》終於在 1970 年問世。

簽署《不擴散核武器條約》意味着作出承諾，要真誠地促進核裁軍，以完成聯合國自創建以來開始推行卻尚未完成的計劃。《不擴散核武器條約》至今已經過了四十五年，但仍然未能達成消除核武器的目的，連核裁軍也停滯不前。

呼籲建設「無核武器世界」的行動近來出現了新形態。去年 10 月，一百五十五個國家和地區簽署了《關於核武器的人道主義後果聯合宣言》(Joint Statement on the Humanitarian Consequences of Nuclear Weapons)，聯合國約八成的會員國藉此明確表示在任何情況下皆不允許使用核武器。

另外，從 2013 年 3 月於挪威奧斯陸舉辦的核武器造成的人道主義影響會議 (Conference on the Humanitarian Impact of Nuclear Weapons)，先後在墨西哥納亞里特州，以及上個月在奧地利維也納舉辦的國際會議，這三個近年召開的主要國際會議皆以使用核武器所造成的人道主義影響為主題。

我認為在這一連串的會議所驗證的事實中，以下三點尤其重要：

一、任何國家或國際機構，都不可能充分地應對引爆核武器後最初所導致的緊急人道主義事態，並為受影響的人提供足夠的支援。

二、引爆核武器所導致的衝擊不會受到國界的限制，它會帶來長久的毀滅性效應，甚至可能威脅到人類的生存。

三、引爆核武器所導致的間接效應包括阻礙社會與經

濟發展，破壞生態系統，而且這些效應會集中在貧窮弱勢族群的身上。

於維也納的會議，美國和英國代表首次參加，兩國對圍繞核武器的不人道進行的議論公開表示理解。這說明使用核武器的後果是誰都必須面對的現實，即便是擁有核武器國也不例外。

但是一旦牽涉到今後該何去何從的問題，意見就開始分歧。參加會議的大部分國家都贊成，為了迴避使用核武器的毀滅性後果，唯一的確切方法是消除核武器。而另一方面，擁有核武器國和其盟國仍舊堅持核威懾政策有必要延續下去，而無核武器世界是需要逐步實現的。

儘管這兩個立場之間似乎有道難以跨越的鴻溝，但其實雙方皆佇立在同一個岩基上，那就是對核武器造成的災難性後果的顧慮。簽署《共同聲明》的國家與沒有簽署的國家皆持有同樣的顧慮。重要的是，要以這份顧慮為我們的出發點，尋找該展開些甚麼共同行動，來實現無核武器的世界。

理解到這一點，擁有核武器國不可不考量到，所採取的措施不只是要讓自己國家和同盟國家，更要讓所有國家皆無需面臨這種一發不可收拾的慘禍。

● 羅特布拉特讚揚《禁止原子彈氫彈宣言》

在此，我想從多個角度檢討核武器的不人道，談一談

其破壞力以外的特徵。正是由於這些特徵，核武器跟其他類型的武器在本質上有所區別。

首先要考慮的是，核武器所造成的衝擊有多嚴重，即這類武器於瞬間能毀滅多少東西。

我對「維也納會議的結果報告和摘要」(Report and Summary of Findings of the Vienna Conference)中的一段話深有同感：「與否定人性、現在誰也不會接納的拷問問題相同，使用核武器所帶來的慘禍不只是個法律上的問題，也必須從道德上予以判斷。」

這正是我的恩師戶田會長在冷戰局勢越來越緊張、核軍備競賽日益激烈的 1957 年 9 月發表的《禁止原子彈氫彈宣言》中最想強調的一點。

戶田會長說：「現在，世界各地雖然開展着一連串禁止核試驗或原子彈氫彈試驗的運動，但我更要把隱藏在其背後的魔爪除掉。」(《戶田城聖全集》第四卷)

佛法指出，對人的尊嚴構成最大威脅的是「他化自在天」，那是一切生命皆具備的根本迷惘，是一種把人貶為微不足道的存在、把生存的意義剝奪的生命狀態。

戶田會長指出，潛藏在核武器深處的是這種極端的邪惡性質。故他主張不能只止步於禁止核試驗，並駁斥了以眾多民眾的犧牲為前提的核威懾邏輯。這是從根本上消除核武器威脅的方法，為了維護世人的生存權利，我們必須鍥而不捨的將之實現。

閣別十一年，池田 SGI 會長再次與帕格沃什會議名譽
會長的羅特布拉特博士會面。二人回顧二十世紀的歷
史教訓，一致認同「不應將戰爭的悲劇帶給任何人」
（2000 年 2 月，日本沖繩）。

　　帕格沃什科學和世界事務會議設立於戶田會長發表
宣言同年，曾多年擔任此會議舉足輕重角色的約瑟夫·羅
特布拉特（Joseph Rotblat）博士作過如此評價：「處理核武
器問題的方法有兩種：一種是法律上的處理方法，另一種
是道義上的處理方法。作為宗教人士的戶田先生選擇了後
者。」（《探索地球的和平》）

　　對於酷刑，已經確立了於任何情形下也不能把它正當
化的嚴厲禁止規範。同樣，核武器的問題也理應從道義的
角度來處理。

● 先進技術也無法復原的東西

第二次世界大戰結束後，蘇聯緊隨美國之後，成功研發了核武器，之後英國、法國、中國等也相繼成功。《不擴散核武器條約》生效後，核武器擴散之勢仍有增無減。全球核武器對峙的僵局已經被國際社會視為不可改變、無法動搖的事實。那是實施核威懾政策所造成的後果。核威懾說白了就是「殲滅敵方的人民」和「讓自國也承受沉重損害」的理論。

正如戶田會長所指出，核武器的危害不分「敵我」，於一瞬間殲滅社會和文明所造就的一切，抹去每個人曾生存過的跡象，奪走所有事物的存在意義。

田邊雅章目前在推進一個嘗試透過影像，反映廣島遭原子彈轟炸前原貌的計劃。他說：「無論使用何等先進的 CG 技術，有些東西是絕對無法復原的。」（廣島、長崎、沖繩三縣和平高峰會議）他一語道出事物一旦被毀，就無法復原的事實。

一個籠罩在核威懾政策陰影下的世界，是個隨時都有可能被殲滅的世界，在那裏，一切都顯得脆弱不穩定。這種反常的狀態是造成虛無主義萌生的溫床，人類社會和文明會被其嚴重腐蝕。這是絕對不能允許的。

2014 年 12 月的維也納會議上，與會者談到只要有核武器存在，就必然存在由於人為錯誤、技術缺陷、網絡攻

擊等而導致「偶然性核彈引爆」的危機。然而這問題並不在核威懾理論的預料範圍內，核威懾政策並沒有把這問題列入應考慮事態，而且危機的大小與採用核威懾政策國家多寡成正比，越多國家採用，危機就越大。

1962 年古巴導彈危機發生之際，美蘇首腦花了十三天時間來化解危機。但是，假如一枚裝有核彈頭的導彈在偶然或意外的情況下遭發射，導彈僅需十三分鐘就可抵達攻擊目標。逃命和疏散的機率渺茫，受攻擊的城市和其民眾會毀於一旦。

不管人們為了享有幸福人生而付出多少心血，也不管文化和歷史如何長年累月地發展至今，一切在那一瞬間都化為烏有。這無法用言語形容、違背常理至極之處，正是核武器的不人道，假如只透過數據來檢視核武器驚人破壞力，是不易察覺得到的。

● 核武器和現代化帶來的扭曲現象

接着我想談論核武器的第二個不人道特徵 —— 持續研發核武器和現代化帶來的扭曲現象。

在維也納會議上，核試驗的影響首次成為討論的議題。

日文的「被爆者」（Hibakusha）（被原子彈轟炸的倖存者）一詞，已成了世界的通用詞彙，現被用以形容所有苦於核武器輻射能之人，其中也包括受到世界各地超過 2000 次核試驗影響的所有人。

據估計，馬紹爾群島共和國（Republic of the Marshall Islands）於過去進行核試驗的十二年間，每天都要忍受威力相等於 1.6 個廣島型原子彈的炸彈轟炸。（《一般性辯論發言》，*Statement at the General Debate*）事實證明，標榜可以制止使用核武器的核威懾政策，實際上完全起不到任何作用。就是說，靠威脅來震懾威脅的核威懾政策激發了一場核軍備競賽，招致了以實驗為名目而進行的無數次核試爆，造成如馬紹爾群島外交部長托尼・德布勒姆（Tony deBrum）所說的，「任何國家和民族都不應該負起的重擔」（同上）。

自 1996 年《全面禁止核試驗條約》成立以來，核試驗幾乎完全停止。可是儘管有一百八十三個國家簽署，《全面禁止核試驗條約》依舊沒有正式生效，而只是勉強維持這種暫停核試驗狀態。

而且《全面禁止核試驗條約》沒有禁止核武器現代化，當某個國家開始把核武器現代化，其他國家也肯定會跟隨，只要核威懾政策依然存在，現象是無可避免的。全世界為核武器所撥出的年度預算如今已高達 1050 億美元，但這金額估計還會繼續增加。（《世界核武器支出》，*World Spending on Nuclear Weapons*）這龐大的資金，要是用於有核武器國的福利、保健等事業上，或用於支援人民苦於貧困的發展中國家，那麼數不勝數的民眾的性命及尊嚴都會得到保護。

持續研發核武器本身，違反了《聯合國憲章》第二十六條的原則——「盡量減少世界人力及經濟資源之消耗於軍備」，同時這不人道之舉還會延續上述的全球扭曲格局，逼迫生活原本可以獲得改善的窮困人民繼續在危險的環境中忍辱偷生。

● 捲入緊張的軍事狀態

核武器的第三個不人道特徵是，維持核武器體制的國家經常會被捲入緊張的軍事狀態。

於 2010 年的《不擴散核武器條約》審議大會上，擁有核武器國都承諾要迅速「進一步減少核武器在所有軍事和安全概念、理論和政策中的作用和重要」。各國代表雖然報告了各自在去年取得的進展，但報告內容沒有透露任何實質性改變。許多擁有核武器國領導人都認為現今使用核武器的機會極微，而且核武器也不適用於應付現今的威脅，但仍然執着於核威懾政策，這妨礙了他們遵守有關進行核裁軍的承諾。

擁有核武器國目前還未能完全消除自己國家和盟國受核武器攻擊的憂慮。儘管如此，還是需要優先考慮逐步除掉造成緊張局勢的因素，以及營造適宜的環境，以致不再把「以核武器來威嚇」當作唯一的應對方法。

而且不單是使用核武器，1996 年的國際法院提出了諮詢意見，表明以核武器去威嚇他國也屬於違法行為。

負責審理的費拉里・布拉沃（Ferrari Bravo）法官在諮詢意見的附帶聲明中指出：「《聯合國憲章》第二條第四項和第五十一條之間的鴻溝就好像一條河。主要是由於投入威懾這塊無比巨大的石塊，河流變得越來越寬，以致需要建築一條跨越兩岸的橋梁。」（《以核武器進行威脅或使用核武器的合法性》）這句話顯示，核威懾政策的繼續存在，改變了草擬該憲章之人當初對自衛權的定義及實施的理解。就是說，第二條第四項在原則上視使用威脅或武力為不合法，而第五十一條則規定，單獨或集體自衛是直至安全理事會行動為止的暫時性措施。然而由於核武器的存在，時時做好單獨或集體自衛的準備成為一種必然。原來的應急措施，演化成常有的狀態，顛覆了該憲章的原來宗旨。

冷戰結束後，這格局也絲毫沒有改變。即便國家間沒有發生武力衝突，也沒有出現對立局勢，核威懾政策以威脅使用核武器為依據，依然令不少國家陷入緊張的軍事狀態。

擁有核武器國和其同盟國沉溺於保密工作，旨在確保關於其核武器及相關設施的情報不會洩漏出外。另一方面，其他國家感受到來自有核武器國的威脅，覺得有必要研發自己的核武器系統，強化自己的軍備。在最壞的情況下，甚至會發生為了防備而先行對他國行使武力的結果。

鼓吹核威懾政策之人一貫強調，那是防止使用核武器的關鍵。然而倘若人們開闊審察核武器本質的視野，讓生活在核武器時代所牽涉到的各個方面也映入眼簾，就可以看清這政策對我們的世界所形成的負擔到底有多沉重。

　　自從廣島和長崎遭原子彈轟炸以來，就沒有再出現核武器被用在戰爭上的情形。我相信，這並非拜核威懾理論所賜，其原因出於使用核武器會帶來毀滅性人道主義後果這沉重的責任。事實顯示，那些處於核保護傘之外的國家，從未成為核武器的攻擊對象。那是因為許多國家在採取如設立無核武器區的措施時，曾宣誓要集體放棄核軍備，這承諾具有道義上的重量，對其他國家劃出一條不可逾越的界線。

　　在 2014 年 12 月舉行的維也納會議上，考量到核武器所能造成的不人道後果和危險性，奧地利以參加國而非舉辦國的立場發表宣言，表示要與所有共同利益者、國家、國際機構和民間社會合力實現無核武器世界。

　　在會議舉行之前，國際廢除核武器運動、普世教會協會與 SGI 在民間社會論壇上召開一場題為「宗教團體聯手對抗核武器：燃起希望、鼓起勇氣」的跨宗教專題研討會，來自基督教、伊斯蘭教、印度教與佛教的信徒共聚一堂，探討如何廢除核武器。與會者把討論結果匯集為《共同聲明》，宣誓要致力創建無核武器世界。這份《共同聲明》作為民間社會的意見，在維也納會議的一般討論會上發表。

我認為，能否為實現無核武器世界展開所需的共同行動，在廣島長崎遭原子彈轟炸七十年後的今年，究竟能集結多少類似上述誓約是最大的關鍵。

● 落實新的核裁軍制度

在此，我要提出兩個具體建議。

第一就是基於《不擴散核武器條約》，落實新的核裁軍制度。

2014 年 12 月，聯合國大會通過一項非常重要的決議，要求各國於 2015 年的《不擴散核武器條約》審議大會上，敦促《不擴散核武器條約》締約國在 2015 年審議大會期間探討擬定《不擴散核武器條約》第六條所設想和要求的有效措施的各種選擇辦法。（《建立一個無核武器世界：加速履行核裁軍承諾》）自從於 1995 年無限期地延長《不擴散核武器條約》以來，雖然達成各種協議，但在實行方面卻沒有取得多大進展，課題堆積如山。

聯合國大會這項決議得到一百六十九個國家贊同，也是因為大家都察覺到，一直處於膠着狀態的核問題處理過程潛伏着危險。

所以我提議盡量召集更多國家首腦參加今年的《不擴散核武器條約》審議大會，並且在議程中加入一場論壇，以便匯報在各個國際會議上發表過的關於核武器人道影響的調查結果。鑒於在 2010 的審議大會上，所有《不擴

散核武器條約》簽署國一致對使用核武器所造成的毀滅性
人道後果表示擔憂，我希望各國首腦或代表在今年的審議
大會上發言時，介紹自己國家在防止此後果出現的計劃。
我還要建議審議大會應深入商討如何制定《不擴散核武器
條約》第六條所要求的有效核裁軍措施，最終為此設定新
制度。

《不擴散核武器條約》一般被認為有三個核心原則——
防止核擴散、和平利用核能和核裁軍。前兩個原則已有《全
面禁止核試驗條約》組織、多個核安全峰會，以及國際原
子能機構在推進。然而，目前還沒有任何機構在負責確保
《不擴散核武器條約》中關於核裁軍的原則會繼續受到關注
討論，或該裁軍義務會被遵守。

基於 2000 年審議大會所制訂的「明確承諾實現徹底
消除其核武庫，實現核裁軍」，我提議增設一個《不擴散核
武器條約》核裁軍審議委員會。作為《不擴散核武器條約》
的附屬機構，該委員會將確保各國會迅速且具體地遵守
承諾。

《不擴散核武器條約》規定，假如有三分之一或以上締
約國請求修正《不擴散核武器條約》的內容，就必須召開會
議以審議修正案。《不擴散核武器條約》核裁軍審議委員會
可以透過這過程成立。委員會將負責協調各項裁軍計劃和
認證體制，致力擴大核裁軍的規模，使之成為無法阻擋的
洪流，為構築無核武器世界鋪平道路。

● 締結《核武器公約》

我的第二個建議是締結《核武器公約》。雖然困難重重，問題堆積如山，但我認為在廣島、長崎遭原子彈轟炸七十週年的今年，開始為制訂《核武器公約》進行談判完全合乎時宜。具體來說，我提議在詳盡檢討今年《不擴散核武器條約》審議大會的成果之後，着手設立一個可供協商的平台。

兩年前，聯合國推出了不限成員名額工作組，負責就推進多邊核裁軍談判，以建立和保持一個無核武器世界而擬定建議。我提倡把這設置為協商的場所，並且為民間社會提供參與協商的常設席位。

聯合國大會曾於 2013 年表決，呼籲於 2018 年之前舉行聯合國核裁軍問題高級別國際會議，我想進一步籲請把會議定在明年 2016 年舉行，這可以成為制訂《核武器公約》的開端。我強烈敦促作為唯一在戰爭中嘗過核武器威力的日本，要積極和其他國家及民間社會合力實現無核武器世界的理想。

聯合國裁軍問題會議會於 8 月在廣島舉行，世界核武器受害者論壇也將於 10 月和 11 月在廣島舉行，而帕格沃什會議的世界大會則將於 11 月在長崎舉行。

SGI 也準備和其他非政府組織合作，於 9 月舉行廢除核武器全球青年峰會。去年，日本創價學會的青年會員收

池田 SGI 會長與著名歷史學家湯恩比博士橫跨兩年、長達四十小時的對話彙整成《眺望人類新紀元》，現今已經翻譯成三十一種語言出版（1973 年 5 月，英國倫敦）。

集到五百一十二萬人要求廢除核武器的簽名。我希望與會者在峰會上採納一份青年宣言，宣誓要為核武器時代劃上休止符，期待這能讓世界的青年更具凝聚力，聯手支持《核武器公約》的成立。

　　湯恩比博士與我交談時強調，解決核武器問題的關鍵，在於整個世界對擁有核武器行使「自律否決權」。今年 1 月 21 日，美國和古巴開始就邦交正常化進行談判。兩國在古巴導彈危機的前一年斷交，回顧當時的歷史，我們可以發現那場危機是因為美國和蘇聯行使了「自律否決權」（《眺望人類新紀元》），即決定不使用核武器而得以化解的。

在展望締結以禁止核武器為目標的《核武器公約》時，我希望各國相繼承諾行使「自律否決權」，如此積少成多，最終造就一個任何國家的人民都無須擔心會經歷核武器可怖危害的時代。

● 落實可持續發展的全球社會

我最後想提議的共同行動，是落實可持續發展的全球社會。

在應對全球暖化等環境問題時，為了防止事態惡化，各國不但要分享彼此的經驗和所得到的教訓，還要共同摸索能轉向一個循環型社會的方法。這對於推進可持續發展目標也是一個重要步驟。除此之外，我還要強調，鄰國之間的合作也是不可或缺的。

在此，我提議日本、中國與韓國協力建構一個模範區域，將培育人才及其他方面的最好技術集於一處，並把成功的事例公諸於世。

去年 11 月，日中首腦會談經過兩年半之久又再召開。見到長期處於冰封狀態的兩國關係有了初步改善，作為一個長年為促進兩國友好獻上綿薄之力的人，我深感欣慰。

緊隨其後，日中雙方去年 12 月舉行了日中節能環保綜合論壇，今年 1 月 12 日又就成立日中海上聯絡機制進行談判。這樣的機制對緩衝爭執將起到關鍵性作用，期待會如兩國首腦所約定那樣於今年內落實。

今年是日本與韓國恢復邦交五十週年。儘管日韓兩國的緊張政治局勢有待緩和，兩國人民往來依然日益頻繁，每年皆有超過 500 萬人次穿梭於日韓兩地，超過日本與中國之間的數目。這是不容忽視的事實。日韓關係於 1965 年正常化初期，此數目僅為一萬人次。各項民意調查顯示，雖然對彼此國家持有不良印象的日本和韓國人民佔各國人口很大比例，但仍然有百分之六十以上的人認為兩國有必要維持良好關係。

● 加強日中韓合作，擴大青年交流

除此之外，日中韓三國這十多年來展開各方面的合作。我對此持有很高的期望。其中，始於 1999 年的環保方面合作，迄今已擴大到超過五十個協商體制，其中包括十八個定期舉辦的部長級會議，以及上百項合作計劃。為了讓類似合作更蓬勃發展，有必要重開因政治局勢緊張而中斷了三年的日中韓領導人會議。

「可持續發展目標」成立的日子在不斷逼近，為了讓目前關係好轉的趨勢有更進一步的發展，應該早日召開三方首腦會議，並於會議上締結一份正式協議，將整個區域設置為可持續發展的典範。我敦請三國首腦在二戰結束七十週年的今年，基於這場戰火給予世人的教訓宣誓不戰，並攜手合作推進聯合國即將推出的可持續發展目標，從中建立牢固的相互信賴關係。

我曾和中國的周恩來總理、韓國的李壽成前總理等兩國領導人和有識之士對話，共同探討如何促進日中、日韓友好，為世界作出有長遠效益的貢獻。

對化解法國與德國數百年恩怨有莫大貢獻的讓・莫內（Jean Monnet），在 1950 年為歐洲諸國進行談判時主張：「我們是為了完成一項共同的任務而聚集在這裏。我們的談判並非為自己國家而是為所有人爭取利益。」（《歐洲之父：莫內回憶錄》）

日中韓三國於 2011 年 9 月成立日中韓三國合作秘書處[6]。秘書處的一項職能是確定可行的三國合作專案。我希望三國為公共利益着想，將實現可持續發展目標中所有專案規劃為其合作事宜。

上面已經討論過，在聯合國第三次世界減災大會舉行之際，作為該大會的周邊活動，SGI 將在日中韓三國合作秘書處的支持下主辦一場研討會。與會者為來自日本、中國和韓國的民間社會代表，他們將討論如何加強在減少災害風險、災後重建等方面的區域性合作。我相信，這種在草根階層推進的活動可以配合各國政府，為實現可持續發展目標推進區域性合作。

6　為了進一步擴展始於 1999 年的日中韓三國合作關係，2009 年三國領導人會議同意設立秘書處。2011 年 9 月，於韓國首爾正式成立。基於「三國平等」制，由各國負擔年度預算的三分之一。由三國派遣人員構成秘書長一名與副秘書長二名體制，來處理秘書處的事務。

為此，我要就如何增進草根交流，提出兩個建議。

第一是擴大青年交流。回顧二戰後的歷史，我們可以發現於 1963 年締結的《愛麗舍宮條約》（Elysee Treaty）開啟了青少年交流的時代，這在法國與德國的關係改善過程中起到關鍵性作用。「長年的敵意由深厚的友誼取代」──這句話出自一篇由法國外交部長洛朗·法比尤斯（Laurent Fabius）和德國外交部長吉多·韋斯特韋勒（Guido Westerwelle）為了紀念締結《愛麗舍宮條約》五十週年，於 2013 年聯手執筆的文章。正如這句話所說，至今有八百餘萬青少年有機會到交流夥伴國住宿或留學，他們扮演了重要角色，為兩國建立了堅韌的友誼紐帶。

八年前日本、中國和韓國推行了一個青年交流計劃，我希望更多類似的文化教育交流會在高中生之間及大學生之間展開，更期待見到成立一個日中韓青年夥伴制度，讓年輕人群策群力推進可持續發展目標或參與三國其他的合作計劃。

對每位參與者而言，與他國青年並肩挑戰環境及災害等棘手問題，是非常寶貴的人生經歷。他們可以切身感受到自己在親手塑造自己的未來。況且這樣的經歷，作為一輩子的財寶，還會在他們心中構築長久的友誼及信賴。

1985 年，日本創價學會青年部和中國中華全國青年聯合會簽訂了交流協議，於三十年間一直進行友好交流。2014 年 5 月，雙方又再次簽訂今後十年的交流協議，同意

把日中友好潮流更向前推進一步。另一方面，日本九州創價學會青年也一直與韓國進行各種交流活動。年輕人之間面對面的接觸與交流，是構築和平、富有人性的二十一世紀的主要因素。

我的第二個提議，是以可持續發展目標達成期限的2030年為目標，在日中韓三國之間建立更多友好城市（亦稱姐妹城市）關係。

回顧四十年前和周恩來總理會見時，我們至為關心的，就是如何加深兩國人民的友好關係。1968年9月，我發表演講呼籲日中邦交正常化，我在那時指出：「唯有建立在兩國人民互相理解和交流，增進彼此的利益，為世界和平做出貢獻的基礎上，邦交正常化才顯得有意義。」（《日中邦交正常化倡言》）周總理也認為，只要日中人民之間有真正理解和信賴，兩國友好就能萬古長青。會見時周總理談到他年輕時留學日本一年半的經歷，我相信這決定了他後來對中日友好的價值觀念。

1916年，在周總理留學日本前一年，日本政治思想家吉野作造曾就日趨險惡的日中關係如此寫道：「只要國民間有信任和尊敬的關係，儘管不時發生政治、經濟等問題導致雙方反目或有所誤解，那彷如海面被風吹拂而泛起的波浪，而其底流的親善關係是不會動搖的。」（《吉野作造選集》第八卷）

這也是我一貫的信念。假如不同國籍的人進行心與心

的交流，關心彼此的幸福時，他們之間的友誼大樹可以經得起任何風雪，茂盛枝葉會伸展至久遠未來。

目前，日本與中國之間有三百五十六個地方政府友好城市協議，日本與韓國之間有一百五十六個，中國與韓國之間也有一百五十一個。三國有必要齊心協力增加友好城市，促進更多城鎮建立這樣一對一的友好關係。

● 我的國籍是「世界」

以上是我就三個要點所提出的具體建議。我深切了解到「民眾的團結力量」才是實現聯合國的「可持續發展目標」為首等的運動，以及推進解決其他課題的最大動力。

四十年前的 1 月 26 日，SGI 於美國關島，在來自世界五十一個國家與地區代表的見證下成立。當時我心頭浮現戶田會長「要從地球上抹去『悲慘』二字」的熱切期望，還有他對「世界公民」的展望。因此在會議的芳名錄上，我在署名旁國籍一欄寫上了「世界」。這代表了我要完成恩師遺願的誓約。

會議上，與會者一致通過了一份宣言，表達了 SGI 的創會宗旨：

「為了創造和平，比政治經濟更強的紐帶，就是自覺生命尊嚴的民眾與民眾心連心的團結……永恆的和平，只有全人類能享受幸福，才能真正實現。所以，我們為了人類

的幸福，為了人類的長存，本着『如何能作出貢獻』的慈悲理念，作為今後新思想的支柱而活躍。」

現在 SGI 已經發展到世界一百九十二個國家和地區，這份精神是歷久不變的。

為了實現無核武器的世界，並從地球上抹去「悲慘」二字，我們今後亦會繼續以對話和友誼為基礎，致力創建一個所有人都受到尊重，發放光彩的世界。

捍衛萬眾的尊嚴
邁向和平的大道

2016 年 SGI 日紀念倡言

我們國際創價學會（SGI）作為非政府組織（NGO），自開始支援聯合國活動起，今年剛好踏入第三十五個年頭。聯合國是基於兩次世界大戰的反省而成立的，其目標就是構築一個免受戰爭蹂躪、人權得到維護、消除歧視與迫害的世界。這宗旨與 SGI 作為一個佛教團體所秉持的和平、平等、慈悲等基本理念是相通的。

　　每個人都擁有享受幸福生活的權利。SGI 運動的主旨，就是要擴大維護這個權利的民眾團結網絡，從地球上抹去「悲慘」二字。也出於此緣由，我們支援聯合國是理所當然的。

　　現今世界滿布危機，無數人的性命與尊嚴受到嚴重威脅。逃到國外避難的難民，以及在國內流離失所的民眾與日俱增，其中以中東地區敘利亞衝突的情況最為嚴重，全球有多達六千萬人因武裝衝突或遭到迫害而飽受離鄉背井之苦。（《2015 年中趨勢報告》）

　　另外，天災也連連發生，僅僅於一年間就有超過一億人受害。其中，洪水、暴風雨等由氣候變化引起的災害佔九成之多，讓世人對全球暖化不斷加劇的影響深感憂慮。（《最新 IFRC 報告》）

　　在這樣的情況下，聯合國預定今年 5 月於土耳其的伊斯坦布爾，舉行史上首次世界人道主義峰會。為籌辦峰會而展開的磋商過程顯示，這場人道主義危機已擴大到史無

前例的規模，各方的危機感也隨之變得益發強烈。除了要儘早結束當下的武裝衝突外，也必須儘快找出方法，打開眾多人面對着的嚴重狀態。

SGI 一直關注因紛爭導致的難民問題和天災等而過着顛沛流離生活的人道主義危機，多年來在這問題上努力不懈。SGI 將派遣代表出席該峰會，希望能夠加深探討以信仰為基調的團體（faith-based organizations）在人道救援方面所扮演的角色，以及如何強化民間社會的凝聚力等議題的討論。

SGI 最初於 1981 年登記為聯合國新聞部具有諮商地位的非政府組織，後來又於 1983 年從聯合國經濟及社會理事會取得同樣的諮商地位，我也從那年起開始每年發表倡言。至今為止，SGI 支援聯合國的活動內容一直圍繞着「和平與裁軍」、「人道」、「人權」和「可持續發展」四個範疇。

在此，我要就我們在支援聯合國的活動中所採取的基本方針，同時亦要就民間社會在應對人道主義危機，及其他全球問題可以發揮的作用提出一些個人想法。

● 「不讓任何一個人掉隊」的誓言

聯合國於 2015 年 9 月通過一個新的框架，來接替為了解決貧窮與飢餓問題而於 2000 年通過的「千年發展目標」。

新的「可持續發展目標」列在《變革我們的世界：2030 年可持續發展議程》[1] 當中。

「可持續發展目標」除了繼續處理「千年發展目標」所留下的課題以外，還以 2030 年為目標，就氣候變化、災害等迫在眉睫的問題，尋找一個全面的解決方案。最令人矚目的是，正如第一個目標「在全世界消除一切形式的貧困」所顯示的那樣，所有的目標皆貫穿着「不讓任何一個人掉隊」的明確意志。「可持續發展目標」揚言不讓任何人孤立無助。相較於已經成功地把極端貧窮人口比例減半的「千年發展目標」，新的目標更向前跨進了巨大的一步。

《變革我們的世界：2030 年可持續發展議程》從「自強」（empowerment）着眼，強調了設法讓兒童、老年人和殘障人士，以及難民和移民等社會弱勢群體自力更生的重要性。這議程也呼籲要加倍努力為弱勢群體制訂符合其需求的支援體制，以及確保居住地在發生緊急人道事態或恐怖事件時，人們的狀況可以得到改善。

「可持續發展目標」毅然沿着「不讓任何一個人掉隊」的路線推進，這也是我多年來反覆呼籲的。同時，我也一再呼籲應該在目標中加進「維護難民與國際移民的尊嚴與基本人權」的項目。

1　2015 年 9 月於《聯合國可持續發展峰會》上通過的成果，報告舉出十七個領域一百六十九項「可持續發展目標」，指望以 2030 年為目標，解決貧窮、飢餓、能源、氣候變化等各方面的問題。

世界難民人數與日俱增的事實已經擺在眼前，他們的情況岌岌可危，若不從正面去處理這問題，人類又有何美好未來可言？從這意義來看，作為集中討論當前難民危機的平台，世界人道主義峰會是個促進聯合國的新目標——「可持續發展目標」的首個好機會。

敘利亞衝突持續了五年，導致超過二十萬人喪生，約半數人口被迫離開家園。住宅、商店、醫院、學校等，無一可逃過被戰禍摧殘的噩運，連避難的場所也受到攻擊。因主要道路被封鎖，很多地區都得不到糧食和救援物品的供給。結果，在衝突發生前以「世界上收容最多難民的國家」見稱的敘利亞，現今變成了「世界上產生最多難民的國家」。為了避開不絕的戰火，大部分人被迫逃到國外，所到之處都危險重重，很多兒童都跟家人失散。中東異常的寒冷天氣更讓這問題雪上加霜，許多人企圖乘搭簡陋船隻渡過地中海，沉船事件接二連三地發生，犧牲的人不計其數。

「難民的人生，猶如陷進流沙中一樣，每動一次就陷得更深。」（《敘利亞衝突進入第五年 難民境況繼續惡化》）前聯合國難民事務高級專員安東尼奧·古特雷斯（Antonio Guterres）引述一位逃離敘利亞的父親所說的這番話，來描述難民水深火熱的狀況。對成千上萬的人而言，無論逃亡到哪裏，都難以覓得真正可容自己安身立命的地方，等待着他們的是極其艱苦且充滿不安的生活。

在非洲和亞洲，難民和境內流離失所者的人數也在不斷增加。聯合國難民事務高級專員辦事處（簡稱聯合國難民署）一直在領導這方面的救援活動，許多人遲遲無法擺脫依靠這樣的外來支援來維繫性命的生活。

● 在戰爭期間守護難民的人們

眾多難民及移民正在湧往歐洲，引起了各種反應。國際新聞社（IPS）的一則報導中，提到一名意大利海港城市居民令人難以忘懷的話：「他們跟我們一樣，都是血肉之軀。我們不能白白地看着他們淹死。」（《進退維谷的移民》，*Migrants Between Scylla and Charybdis*）

《世界人權宣言》第十四條寫道：「人人有權在其他國家尋求和享受庇護以避免迫害。」這名意大利公民的話所表現的慈悲心，勝於任何以白紙黑字所能表達的人權法規，那是人性的光輝，可照亮任何地方、任何情況。

日本創價學會和平委員會以相同的主題，於去年10月在東京舉辦了「勇氣的證言：1939－1945年大屠殺——安妮・弗蘭克與杉原千畝的抉擇」展。

展覽介紹了安妮・弗蘭克的一生，以及日本前外交官杉原千畝在第二次世界大戰期間的行動。安妮・弗蘭克在二戰爆發時為了逃避納粹的迫害，在荷蘭阿姆斯特丹過着躲藏的生活，但仍然沒有對人生失去希望；杉原千畝則違反日本外務省的嚴令，為六千多名猶太人難民頒發簽證，拯救了

他們的性命。歷史資料也顯示，當猶太人在歐洲面臨越來越激烈的迫害時，一些國家的外交官員也不遵從己國政府的命令，憑着良心為難民伸出援助之手，幫助他們度過難關。

就如冒着生命危險幫忙隱藏安妮一家的婦女那樣，有許多人組織起來保護猶太人難民。這些平民百姓在不同國家默默地努力，他們的功勞雖然沒有浮出歷史表面，卻代表了人類由古至今從未喪失過其光輝璀璨的一面。

在現代的世界，看到自己居住的地方突然出現難民，很多人會體恤到他們艱苦的處境，自然而然地為他們伸出同情之手。這一雙雙同情之手，對於逃離家園的人來說，代表着莫大的鼓勵，是寶貴的救生索。

即使是一個看似微不足道的舉動，對於得到幫助的人來說，或許可以造成舉足輕重的影響。這令我想起當聖雄甘地被周圍質疑無法挽救所有人時，對孫子所説的話：

「問題是，能否在遇到一個人的時候，接觸他的生命。我們無法顧及好幾千人。但如果能夠接觸到這個人的生命，而且能夠挽救該生命，那就是我們能夠做出的最大改變。」（《繼承甘地》）

● 沒有一種苦是與自己無關

甘地此信念，和我們 SGI 在信仰的實踐當中，以及在展開支持聯合國等社會活動時，緊守珍視每個人的精神不謀而合。

佛法的根本，是堅信每個人的生命都無比尊貴。正如以下釋尊的教導所顯示，那樣的領會是在自我認知與內省的追求中得到的。

　　「一切懼刀杖，一切皆愛生，以自度他情，莫殺教他殺。（一切眾生皆畏懼刀杖兵器，一切眾生皆珍愛生命。推己及人，不應殺害他人，或唆使殺害他人。）」（《法句經》）也就是說，佛法以「難以忍受自己受到傷害，自己是無可取替的存在」這種人之常情為起點，引導眾生往「以同樣的態度對待他人」的方向思考。能設身處地為他人着想，就能對他人的痛苦感同身受。釋尊勸勉世人要懷着這種「同苦」之心，貫徹守護他人，使其免於受暴力與歧視所害的為人之道。

　　佛法所說的「利他」，並非無視自己的存在。那是以自己人生必嘗的苦楚，以及對自己至今的人生所感到的眷戀為基礎，體會人的痛苦或悲傷等情感並沒有國籍與民族之分，磨練「作為人本來就沒有一種苦是與自己無關」的生命觸覺，從中才能夠發放人性的光芒。

　　德國哲學家卡爾‧雅斯貝爾斯（Karl Jaspers）在撰寫的釋尊評傳中寫道，釋尊為了「於晦蒙的人世敲響不滅的法鼓」（《蘇格拉底、佛陀、孔子和耶穌》），畢生貫徹「面向所有人，也就是面向每一個人」（同上）的信念。

　　我們 SGI，就是於現代繼承了這份精神，關懷眼前的每個人、一同流淚、以及一同歡喜，攜手擴大生命與生命相連的共生網絡。

● 將經歷過的苦難化為人生食糧

　　貫穿於佛法「徹底珍視每個人」的精神，除了以上的觀點外，還有一個不可或缺的重要元素——不問過往及現在的境遇如何，誰都能在自身所處的場所，成為閃閃發亮的存在。

　　不以外表來判斷人的價值與可能性，凝視對方與生俱來的生命價值，如此方能達致互相信任，滿溢希望地昂首迎向今後的人生，讓尊貴的生命價值熠熠生輝。

　　佛法鼓勵人把經歷過的苦難與考驗，化為確立幸福人生的動力，並展開行動為他人、為社會帶來勇氣。

　　我們 SGI 信奉的十三世紀日本僧人日蓮大聖人教說一切眾生皆擁有尊貴的生命並能夠發揮無限潛力，讓這無限潛力開花結果的是佛法中「一切眾生皆成佛道」的法理。那是釋尊宣說的《法華經》的精髓，亦是整個佛教體系的精要所在。

　　《法華經》透過各種關於釋尊以及其弟子等眾多人編織的活劇描繪了這法理。

　　首先是釋尊的弟子舍利弗，他理解了釋尊的教導，打從心底感受到自己本身也具備無上尊貴的生命而「踊躍歡喜」（《法華經》）。另外四名弟子，在見到舍利弗在釋尊的諄諄訓導下，滿心歡喜地立下誓願之後，自己也感到歡喜。他們在「不求自得」（同上）的情況下掌握到這無量瑰寶般

的喜悅，為了表達這喜悅，他們以自己的言語通過長者窮子譬[2] 講述釋尊的教導。

隨着這些誓願與充滿歡喜的活劇連續地展開，眾多菩薩「俱同發聲」立誓要排除萬難，為人們的幸福全力以赴。

後來，經中焦點轉移到釋尊滅後由誰來弘揚佛法的問題上。在那時候，不計其數的地涌菩薩出現，誓願無論於任何時代、任何場所，都會貫徹此修行。

緊接着經中浮現一幅宛如誓願大合唱的景象 —— 弟子們接觸到釋尊的教導，覺悟到自己擁有最尊貴的生命而感到歡喜，也覺悟到他人的生命也同樣極其尊貴，一人接一人立誓要使自己及他人的生命發放光彩，照亮社會。

● 龍女的成佛帶動四周也歡喜

其中不得不提的是幼小龍女立下誓願的畫面。龍女立誓：「我闡大乘教，度脫苦眾生」(《法華經》)。眾人見到她的行動與誓言如一而「心大歡喜」，對她敬禮讚嘆。在這一片歡騰喜樂之中，數之不盡的人覺悟到自己的生命也是無

2　出自《法華經‧信解品》的譬喻。説一個流浪漢在長者 (富翁) 家找到一份工作，被分派管理龐大的財產。他一直認為這些財產跟自己無緣，直到長者快臨終時，才被告知他其實是長者失散多年的兒子，「無上寶聚，不求自得」，是一個歡喜的故事。此譬喻中，「佛」就是父親，而「眾生」就是兒子，闡釋所有眾生都能達到與佛同樣的至高境界的法理。

比尊貴的。在當時，被認為與成佛最無緣的年幼龍女，對自己的誓願信守不渝，在周圍泛起歡喜的漣漪，證實了「一切眾生皆成佛道」的法門，讓人看到希望。

日蓮大聖人根據《法華經》中這一幕，鼓勵身處各種困境的女弟子：「是繼龍女之跡者耶？」(〈覆妙一女書〉)

在十三世紀的日本，天災連連發生，社會戰亂不休，民不聊生，為了民眾的幸福，日蓮大聖人向當權者進諫，卻招來一連串的迫害。被流放時，日蓮大聖人提筆寫信鼓勵門人，衷心讚揚從遠處前來探望他的信徒。日蓮大聖人更鼓勵他們聚在一起閱讀他的書信，互相扶持，共同克服苦難與考驗。

創價學會自 1930 年成立以來，至今一直舉行小單位的座談會。我們 SGI 承襲此傳統，延續了這種「誓願」、「歡喜」和「互相勉勵的精神」。參加者在座談會上可以體會到，煩惱的並非只是自己一人，見到其他會員為了克服困難而辛勤奮鬥，自己會受到鼓舞而鼓起勇氣，而自己意志堅定的姿態，又會給其他人添加勇氣。

鼓勵別人、受別人鼓勵——在這種心與心的互動過程中，一個人的誓願會觸發另一個人的誓願，並且引發讓人不畏困難的希望力量。如此生命與生命相互鼓勵的場所，就是 SGI 的座談會。

SGI 座談會在世界各地召開，與會者不分男女老少，

來自社會各個階層，境遇也各不相同，大家作為同一社區的居民，分享各自寶貴的人生經歷及心中堆積的感受，加深彼此奮發向上的決心。

危及世界的威脅在不斷擴大而且變得越來越複雜，人的生命尊嚴和無限可能性往往被淹沒其中。作為社會一分子，SGI自覺到本身的社會責任，為了讓每一個人重拾「人人也擁有尊貴的生命和無限可能性」，我們一直實踐由民眾發起、為民眾而有的自強運動，而這運動的根本就是座談會。

我們致力和平及支援聯合國的動力，也是出自於此。在這動力下，我們的活動領域自然而然地從信仰的實踐延伸到社會活動。如此雙管齊下，我們恪守不將自己的幸福建立於他人的不幸上、最痛苦的人擁有獲得至高幸福的權利的信念，以期建設一個所有人的尊嚴被廣泛尊重的世界。

● 發揮「應用的勇氣」

在支援聯合國方面，教育與對話是我們的活動重點。

我想在此談一談教育的兩大功用。第一是讓人學習準確地判斷自己的行動會帶來甚麼後果，並磨練為自己和周遭環境帶來良好變化的能力。

創價學會初代會長牧口常三郎是人本教育的先驅，他在1930年出版了後來成為SGI精神源流的《創價教育學體

池田 SGI 會長與杜威研究的泰斗加里森（Jim Garrison）博士（中）及希克曼（Larry Hickman）博士（左一）暢談教育（2008 年 8 月，日本長野）。三人的鼎談錄《邁向人本教育的新潮流》英語版本面世，在美國等各地引起廣大反響。

系》，其中説到人的生存方式大致可以分為三類別 —— 依賴他人的生活、獨立的生活，以及貢獻的生活。

過着依賴他人的生活的人，一般察覺不到自己的潛力，面對眼前的狀況會感到無能為力而束手放棄，對周圍的人和環境、對社會的潮流趨勢採取隨波逐流的態度。

過着獨立的生活的人，則試圖掌握自己的人生，但對於跟自己無關的人漠不關心，即使見到別人痛苦掙扎，仍然抱着各家自掃門前雪的態度。

牧口會長舉例説明這生活方式的問題所在。假設有人在火車軌道上放了一塊石頭，這行為當然是一種惡行，但

如果知道了此事卻不清除石頭，火車就會脫軌出意外。知道危險，但因為事不關己，就置之不理，結果跟作惡完全沒有分別。

牧口會長指出：「誰都會彈劾行惡的不是，但對於不行善的不是，卻無人指正，這是不合理的，對於解決社會惡的根源無濟於事。」(《價值論》)如果對不行善即為惡此道理仍舊懷有一絲一毫的疑慮，那麼只要試想自己是那輛火車上的乘客，就絕對不會產生那樣的疑慮。

● 在關係網中掀起變革

為了絕大多數人的幸福，犧牲小部分人也是無可奈何的——這樣的現代社會思想，在經濟、政治及其他領域大行其道。只要看看氣候變化的問題，就會清楚地看穿這想法的荒謬之處。這種容忍別人被犧牲的想法，會侵蝕人類的生存根本。即使短時間內看似不受影響，從長遠來看，地球上沒有任何地方能可以倖免於氣候變化的影響。

美國政治哲學家馬莎‧C‧努斯鮑姆 (Martha C. Nussbaum) 曾警戒世人關於一味追逐眼前利益的風險，也呼籲培養全球公民的視野。她指出：「比起過去任何時代，我們更加依存連一面之緣都沒有的人，他們也依存我們……在這相互依存的全球社會，無人能置身事外。」(《告別功利：人文教育憂思錄》)透過教育和學習培養人們的想像力可以增進民眾的團結，鼓勵他們為解決全球問題展開行動。

牧口會長在指出人類應該選擇貢獻的生活時呼籲:「作為社會的一員,必須和民眾同甘共苦,否則無法獲得真正的幸福。」(《牧口常三郎全集》第五卷)如今,我們必須讓這種認知滲透地球每個角落,這是至關重要的。

佛法認為這個世上的所有存在和事情都由一張分不開的「關係網」連結在一起。這世界的形態在每一瞬間,都由萬物的相互關聯性塑造。能夠意識到這一點,就會實感到自己生活在這張關係網中,也因這張網而得以活着。在加深一項又一項認知的過程中,就會明瞭「沒有只屬於自己一人的幸福,也沒有只屬於他人一人的不幸」。

這就表示,自己現在身處的任何地方都是個起點,可以發起正面變革的連鎖效應。我們能力所及的範圍,並不局限於解決自己的切身問題,還可拓展到為周遭的環境作出貢獻,以及把人類社會推往更美好的方面發展。

佛法指出,這種對萬物相互關聯的實際認知,給人提供一個反思的框架,讓其沿着框架中的座標,重新檢討自己與他人、自己與世界的聯繫。

教育在這裏扮演着不可或缺的角色。教育可以把體恤他人悲苦的實際經驗積累起來,讓這反思的架構變得更加豐富。教育也磨礪人的眼力,學習審視環境惡化、貧富懸殊等問題背後的原因,從中強化這反思框架,讓其中的倫理座標顯得更加明確。

● 自己才能創造的價值

　　教育的另一個主要功用，是學習不畏艱苦，敢於挑戰的不屈精神。

　　人類所面臨的諸多挑戰，如貧窮及天災，會因發生地的地理位置和環境狀況而產生不同的後果。剛才在談到氣候變化時也提過，各種危機所引起的後果，會在任何時候，波及任何地方的任何人。重要的是，把思考如何強化自己社區的韌力（resilience）作為日常探討的課題。加強了韌力，一個社區在危機發生前，就具備了防範於未然的能力。即使發生危機，也有能力降低其禍害程度、發揮智慧、作出強而有力的應對，靈活地處理各種可能出現的困難局面。

　　身為一名教育家，牧口會長最注重的，是提升受教育之人能明察身邊事物發生的來龍去脈而積極作出應對的能力。在他看來，為了在最大程度上發揮從教育中學到的知識，就必須養成尋找機會去應用這些知識的習慣，而且一旦找到就必須抓緊機會，展開行動。牧口會長強調，讓每個人發揮如此「應用的勇氣」（同上，第四卷），是教育的真正目的。

　　這裏所要求的並非簡單地為學生提供正確答案，而是「首先為孩子明示最多機會應用所學的方向，然後讓他們把注意力都集中於此」（同上）。

　　牧口會長在強調發揮「應用的勇氣」的重要性 —— 一邊

將藉教育培育出尋找問題本質的力量作為糧食,一邊透過自己的努力掌握解決問題的方法。這種基於自發能動的「應用的勇氣」正就是不被狀況打垮、開闢理想的未來的動力。

譬如可持續發展目標嘗試建立的可持續發展全球社會,並非從一開始就已確立起清晰具體的內容或目標。就如同問題和危機在不同的情況下會促成不同的後果那樣,可持續發展之道是沒有一個既定共通的應用方程式。儘管當前為促進可持續發展所作的努力,因結合了經濟、社會與環境等領域而取得正面的成績,但這成果並不是終點。

近年,韌力在應對瞬息萬變的現實社會方面的能力受到矚目。安德魯・佐利(Andrew Zolli)和安・瑪麗・希利(Ann Marie Healy)談道:「目標本該是一種有建設性的律動狀態,而非一種像被封存在琥珀中的靜止狀態。」(《恢復力》)我認為,這與剛才提到的佛法把世界視為一張「關係網」的觀點不謀而合。

只要人人都反思自己擁有哪些「不可替代的寶物」,並運用智慧加以守護讓其留存至未來,可持續發展全球社會的具體輪廓才會清楚呈現。正因如此,在適當時候說出只有自己才能說出的話,做出只有自己才能勝任的事 —— 這種「創造價值」的行動深具意義。

我認為,牧口會長選擇使用「應用的勇氣」這表達方式,而非「應用的實行」,顯示了他視每個人為尊貴至極的存在,深信每個人都具備不屈於任何困難的能力。

● 八億六千萬個夢想所產生的變化力量

在聯合國婦女署於去年 2 月在聯合國總部舉行的一場專題討論會上，一位十七歲津巴布韋少女致辭時說了一段引人深思的話：「我們是生活在發展中國家的八億六千萬年輕婦女和女孩。我們的存在並非只是統計上的數字，而是代表了八億六千萬個夢想、八億六千萬把聲音，我們掌握了改變現狀的力量。」（《圖片散文》）

面臨着越來越巨大的威脅與危機，人們很容易忘卻每個人的生命都具有無上價值、每個人都懷有無限的潛力。問題的龐大規模會掩蓋每個人獨有的人生經歷、夢想、藏於心中的思緒，以及改變現狀的力量。SGI 力圖透過教育扭轉這現狀，讓人意識到每個人的生命都具有豐富的潛力，每個人都擁有有效地改變現實環境的力量。

具體來說，自 1982 年在美國紐約聯合國總部舉辦「核武器 —— 現代世界的威脅展」以來，我們為了應對全球問題而在基層社會展開的活動，一貫以培育全球公民的教育為重點。

SGI 的全球公民教育包含上述兩個主要的教育功用，在實施時有以下四個方針：

一、學習和了解自己的社會存在些甚麼問題，世界面對些甚麼挑戰；

二、透過學習確立自己人生座標，以此反省自己每日

的生存方式；

　　三、敞開自己生命的無限可能性，落實自強的理想；

　　四、於自己的社區付諸具體行動，成為帶領時代變革的主角。

　　看到可持續發展目標中明確記載了全球公民教育的重要性，我們彷彿被打了一支強心針，今後會加緊步伐，沿着這四個方針全力以赴。

● 對話之道為同苦之道

　　除了教育，促進對話是 SGI 的另一個活動重點。為了構築一個「不讓任何一個人掉隊」的世界，對話是不可或缺的 —— 這是我的信念。

　　在應付人類所面臨的問題時，有必要不斷審視需要守護些甚麼、由誰來守護、如何守護等問題；也要考慮到，任何對策都應以受影響最深之人的立場為出發點。這一切都可以在對話的平台上進行。

　　近年自然災害與異常氣象頻密發生。去年 3 月，於日本仙台舉行了聯合國第三屆世界減災大會。會上通過的《仙台減少災害風險框架》[3]（簡稱《仙台框架》），明確道出至

3　至 2030 年為止的國際減災方針，內容包括以解決災害發生前的潛在問題為目標的「Build Back Better」（重建得更好）原則，以及以加強對災害危機的理解、增強災害「韌性」等為目標而進行的減災投資。該框架是繼 2005 年的《兵庫行動框架》之後，於去年 3 月通過的。

2030 年為止大幅度削減世界災民人數等多個目標。

讓我注目的，是其中「Build Back Better」（重建得更好）這項原則的重要性備受重視。這是指在進行重建工作時，應該考慮並處理災區在災害發生前面對的問題。例如，作為防災對策，為獨居老人的住宅增設防震功能固然重要，但他們在日常生活上所面對的問題，如醫療設施和購物地點遠離住宅等狀況，仍舊有待解決。在「Build Back Better」的原則下展開的重建工作，會一併處理從災前留下的課題。

在考慮這些建議課題時，讓我想起一個佛法典故。

——有一次，一個人看到一名富翁建了一棟三層樓的豪華住宅，自己也想要建一棟。回家後，他馬上叫木匠來為他興建。他看到木匠首先掘地打穩地基，然後開始建一樓和二樓，不明白木匠為何如此工作，於是呼喝說：「我不要一樓和二樓，只要三樓」。木匠愕然地回說：「這是做不到的。不建一樓，就建不了二樓，不建二樓，就建不了三樓。」（《百喻經》）

出於相同的道理，重建工作需要把焦點鎖定在人的尊嚴上，在那牢固的地基上展開。而且重建工作不可止步於表面設施的建設，而應該詳盡討究一些更基本的問題，譬如如何改善社區內每個人的生活，如何增進居民之間的人際關係，讓他們保持更加緊密的聯繫、發揮互助的精神。若缺乏這方面的考量，重建工作就殘缺不全，無法取得理想的成果。

為此，至為重要的是與受影響最深、最嚴重的人對話，傾聽他們的心聲，共商對策。很多時候，事態越緊迫，身臨其中的民眾的心聲越容易被忽視，這是人道主義危機的現實。透過對話，我們可以深入掌握災區的民情，確保該重視的細節不被忽略，促使重建工作嚴守「不讓任何一個人掉隊」的原則。最重要的是，只有經歷過悲苦的人才能夠分享其寶貴的體驗，這些分享在重建的過程中發揮極大的力量。

　　《仙台框架》提到，一般民眾和民間社會團體可以扮演的其中一個角色，是為災區貢獻自己的知識和經驗。

　　類似的例子，在 311 日本東北大地震發生時極為顯著，很多人本身雖然身為災民，卻反過來鼓勵和支持其他災民，為重建事業發揮關鍵的作用。我們 SGI 不間斷地參與災區的重建支援活動，從中聽取了無數珍貴的體驗，在出席有關防災國際會議等竭力反映「災民的聲音和力量，是重建活動的關鍵」。

　　同樣地，在推行聯合國可持續發展目標上，國家政府、國際機構、非政府組織要側耳傾聽處於水深火熱之人的心聲，以便策劃之後的行動方向，以及確保取得成功。

　　聯合國秘書處 2015 年後發展規劃特別顧問阿米娜·J·穆罕默德（Amina J. Mohammed）在感嘆這個世界問題與紛爭繁多，喜訊稀少時，談到讓國際社會更團結的關鍵在於「為我們的人性再度找到落腳的地方……要重拾我們在

途中丟失的價值觀」(《採訪阿米娜‧J‧穆罕默德》)。透過對話尋回人類共有的人性，是何時何地任何人都可踏出的一步。

尤其是在事態緊迫、紛爭白熱化的時候，對話可以負起另一個重要的任務，那就是修復自己與他人、自己與世界之間的紐帶。對話是孕育變革時代的創造力的泉源。

● 馬塔伊博士與無花果樹

全球化是二十一世紀的世界潮流，在其帶動下，為數眾多的人離開自己的故鄉，到外國尋求短期的就業和留學機會，或者選擇在異地定居，這是史無前例的現象。許多國家都有來自不同文化背景的人大量湧入，提供不少互動與交流的新機會。但另一方面，歧視與仇外事件的發生也變得更加頻密。

在去年的倡言中，我提及要警惕仇恨性言論的危害，指出不論對象是誰，這種侵犯人權的行為是不容忽視的。這樣的認知非要在國際社會中普及不可。要建立一個不受仇視主義和煽動性言論動搖的社會，人們必須有機會接觸，並學會包容異於自己的人和事物。一對一的對話在這方面扮演着舉足輕重的角色。

佛法中有「沙羅四見」一說，指出同樣的地方，由於心態的差別，不同人會見到不同的景色。譬如一條河，有人會因河水清冽而心曠神怡，有人會想到河裏會有些甚麼

魚，又有人會擔心河水氾濫成災。意味深長之處，並非觀念上的差異，而是在不同觀念的驅使下，人們會做出各種改變河流景致的行動。

這令我想起我已故的好友旺加里‧馬塔伊博士的奮鬥事蹟。

她出生在肯尼亞的一個村落，那裏的村民對無花果樹心懷「敬畏」，所以特別注重環保。但是，當她從美國留學歸來時，等待着她的是一片令她驚訝的光景。那裏的土地被人買下，而新地主「認為無花果樹佔地方沒用處」，為了開墾茶園把她從小就喜愛的某棵無花果樹砍掉。這不僅是改變景色那麼簡單。同樣的事情也在各地發生，導致土崩

旺加里‧馬塔伊博士的植樹運動從肯尼亞擴展至非洲，更廣及全世界。馬塔伊博士和池田 SGI 會長皆認為可持續發展從「重視自身的環境」開始（2005年 2 月，日本東京）。

和飲用水短缺問題不斷出現。(《永不屈服》)

這裏的道理淺顯易見——一人認為無比重要的寶物，但是另一人會覺得是障礙物。這種由觀念差異引起的問題，不僅在人與人之間發生，也在不同文化種族群體之間發生。不在自己意識範圍內的事物，往往不會映照進自己觀望世界的視野裏。

人每每能夠理解親近之人的感受，但是地理上及文化上的距離可以造成心理上的隔閡。全球化的加速使這隔閡變得更加難以逾越，而現代的通訊手法非但無濟於事，還往往淪為散播偏見與仇恨的工具。結果，人們以先入為主的眼光看待異於自己的人，斷絕與他們來往，即使是住在同一個地方也如此。綜觀整個社會，珍惜他人的胸襟已經顯得越來越狹隘，人們不把有別於自己的人當人看待。我認為，要糾正這狀況，最確切的途徑，就是透過一對一的對話，傾耳細聽關於他人迂迴曲折的人生經歷。

去年，聯合國難民署在世界難民日舉行了一個公眾教育活動，在那裏介紹難民的經歷和故事，呼籲參觀者把這些故事轉告給自己的朋友和所認識的人。每篇故事都寫上敘述者的真實姓名，以及在不透露他們國籍的情況下，為他們貼上容易讓人認知的特性，如園丁、母親、大自然愛好者，或學生、哥哥、詩人等。(世界難民日，聯合國難民署) 難民除了介紹自己的故事，也表達對各自處境的感受。對參觀者而言，透過認識這種讓人倍感親切的特性，以及有真實

姓名的真人真事，難民們不再是沒有臉孔的陌生存在。

我在美國跟丹佛大學韋德‧南達（Ved Nanda）教授會談時，他跟我談及由於印度和巴基斯坦發生戰亂（1947 年印巴分治），十二歲時他和母親被迫離鄉背井，為了避難不知走了多少天。之後他專修國際法，成為了人權與難民危機的權威。他後來寫道：「兒時的經歷無疑在我人生留下既深刻又不可磨滅的影響。被迫離開家鄉時的悲哀，我畢生難忘。」（《世界由我們創造》，*Our World to Make*）

聯合國難民署的活動展現了難民人性的臉孔。這說明了，即使只是跟其他宗教或民族群體中的一個人見面交談，以往對這些群體所持有的看法會有所改觀。這樣的相遇會改變人們的視野，讓從未見過的新景象映入他們的眼簾。如果投身開誠布公的對話，就會看到以往看不見的事物，而世界也會呈現出更溫馨、更富有人性的色澤。

● 以友情描繪心中的世界地圖

1974 年 9 月，冷戰的對立情緒持續高漲，我不顧周圍的反對和批評，堅持要訪問蘇聯。那是我初次到訪蘇聯。我當時的信念是「蘇聯並不可怕，可怕的是對其一無所知」。

對立和緊張狀態無法阻擾對話，不願意去了解對方才是最大的障礙。主動展開對話是最重要的一步，一切都由那一刻開始。

在抵達莫斯科當日的歡迎晚宴上，我在致辭中談到自己的感受：「就有如在美麗的西伯利亞冬天，從房屋窗口透出的燈火，讓人感受到人的溫情、人心的溫暖那樣，不管社會體制如何，我們必定會珍惜人們心中的燈火，這是我們的承諾。」

　　數十年後，我也是懷着同樣的心情，於 1996 年 6 月初次訪問古巴。四個月前，那裏發生了兩架美國民航飛機被古巴空軍擊落事件，但我認為，只要大家都心繫和平，無論多大的險阻也必能衝破。抱着這股信念，我與當時的古巴領導人菲德爾・卡斯特羅（Fidel Castro）會見，互相坦率地交換了意見。

　　過後在哈瓦那大學演講時，我談到教育是通往未來的希望橋梁。時至今日，我們依然在推進兩地的教育和文化交流。去年 7 月，美國與古巴時隔五十四年實現邦交正常化，我感到無比欣慰。

　　國家間的友好關係固然重要，但是在民眾層面展開的對話和交流更是必不可少。那樣的對話讓人能了解到，每個人的生命都是獨一無二而又豐富多彩，也讓人敞開心扉，誠心地接納他人。持着成見看待其他民族和宗教，是很容易忽略這重要一點的。

　　假如每個人都以友情、同感、共鳴為畫筆，重新描繪心中的世界地圖，那麼展現在眼前的現實世界也會大大改變。

我的恩師創價學會第二代會長戶田城聖，生前曾一再告誡在處理問題時，單以「國家或所屬群體的差異」為唯一行動標準的危險性。即使國家有別，絕大多數人都希望與其他人一起過有文明的生活，但從國家的層次來看，各國「表面看似文明，但背地裏反覆行使蠻力」(《戶田城聖全集》第一卷)。

他也指出，因為思想的不同導致發生各種政治、經濟的爭執，並憂慮群體心理蒙蔽了大家同屬人類一族的事實。他呼籲透過渴望和平這個人類共同願望來建立一個廣大的民眾團結網絡，確立地球民族主義的思想，確保「悲慘」二字不再被用以形容這個世界、任何國家、任何人。

● 戶田紀念國際和平研究所創辦二十週年

為了繼承恩師的遺志，我於 1996 年創辦了戶田紀念國際和平研究所，並冠上了他的名字。該研究所預定於今年 2 月在東京舉辦一場國際會議，專注討論世界各個宗教貢獻和平的可能性。來自基督教、猶太教、伊斯蘭教、佛教等各個宗教的研究家和有識人士將出席會議，探討宗教引導人展現其善良本質的力量，以及深究如何使二十一世紀的世界與暴力、憎惡絕緣，把和平、人道主義樹立為社會主流。

參與起草《世界人權宣言》的法國哲學家雅克・馬利丹（Jacques Maritain）曾提出「良心地質學」（geology of the conscience）（《人和國家》）的理論，強調要挖開意識形態和思想的表層，深入發掘人類行動的共同點。2 月 11 日將迎來創辦二十週年的戶田紀念國際和平研究所，高舉為全球公民展開跨文明對話之旗，多年來一直進行這方面的挑戰。

　　從最深處撼動人心的，並非公式化的主張或教條主義，而是由人生經歷豐富之人所發出的有深度的話語。以如此話語進行對話交流，可以從彼此的內心，發掘出萬人相通的人性，並以此人性光輝掃除籠罩社會的陰霾。一直以來，我就是本着如此確信，與不同文化、民族、宗教背景的人士進行對話。

　　人生經歷迥異的人，互相開誠布公地對話交流，能使彼此發現至今獨自一人察覺不到的新景象，通過人格與人格的觸動和共鳴，能孕育出新的創造力。

　　「對話」是一座充滿可能性的寶庫，為創造歷史提供最大的動力。

　　我也確信，在踏實的對話中共享的時光和空間，可以培養出讓萬眾上下一心的友誼和信賴，為解決全球問題、營造和平的世界奠定堅固的基礎。

　　接着，我想就三項急待國家政府與民間社會共商對策的課題：（一）人道主義援助與人權、（二）環境與減低災害

風險（簡稱減災）、（三）裁軍與禁止核武器，發表我的意見。希望對構築「可持續發展目標」所提倡的「不讓任何一個人掉隊」的理想世界有所幫助。

● 共同守護兒童的生命與權利

第一項是人道主義援助與維護人權。具體來說，我要對今年5月於土耳其伊斯坦布爾舉行的世界人道主義峰會提出兩個建議。

第一個建議是，面對日益嚴重的難民危機，任何對策都應以緊守國際人權法為優先考量，並且加強維護難民兒童的生命與權利。

目前到外國尋求庇護的難民人數，是第二次世界大戰以來最大的規模。在那些收容他們的國家中，對於那是否會造成社會不安、帶來沉重的財政負擔，以及是否有恐怖分子偽裝為難民乘機入國等表示憂慮的聲音不斷高漲。各國固然有必要對應這些聲音採取適宜的對策，但是對策歸對策，必須確認的是為解決難民危機而設的方策，應該將重點放在國際人權法的基本原則——維護人的性命和尊嚴上。

因為衝突和戰爭，許多人在一瞬間失去家園和原有的生活，也失去了希望。在許多方面，他們的情況與在自然災害中被迫到避難所避難的災民十分相似。尤其不可忘卻的是，兒童是武裝衝突中最大的受害者，他們佔了難民總人數的半數以上。

推進維護兒童的權利，就是構築和平的世界的確切道路 —— SGI 於 2015 年 2 月在印度新德里舉辦「為世界兒童建設和平文化」展覽。

　　去年是聯合國安全理事會通過第 1612 號決議[4]，聲明要保護受武裝衝突影響的兒童的十週年。除了確保兒童在武裝衝突中不被傷害或剝削生存權利之外，更急需守護在戰亂中被迫逃離故鄉的兒童。

　　可持續發展目標把兒童列為最脆弱及受威脅迫害最深的人。聯合國兒童基金會執行主任安東尼・雷克（Anthony Lake）曾經強調：「所有兒童都有平安地享受普通童年的權利。」（《聯合國兒童基金會獲頒諾貝爾和平獎後五十年，

4　2005 年 7 月於聯合國安全理事會上通過的決議。除了設置所需機制，以監測和報告是否出現傷害兒童、招募童兵、攻擊學校和醫院等行為，也設有安全理事會工作組。

兒童仍面臨衝突、危機、貧困、不利條件》）守護兒童平安地享受普通童年的權利，是國際社會在支援流離失所者中的首要任務。

讓受人道主義危機影響的兒童都跨越痛苦的經歷，持着希望向未來前進，人道主義危機才算得到解決。對離開家園在陌生地方落足的人而言，沒有比目睹這些兒童滿懷希望的笑顏更能鼓舞人心，給人帶來生存下去的力量。

我想對峰會提出的第二個建議，就是加強聯合國為收容難民的中東國家而實施的支援計劃，加速達成在其他亞洲及非洲國家重點實施同樣計劃的協議。

聯合國的統計數字顯示，每十名難民中，有大約九人身處經濟條件較弱的地區或國家。這些國家在難民蜂擁而至之後更是杯水車薪，連提供安全飲用水及其他方面的公共服務都出現困難，倘若得不到國際支援，根本無法繼續維持難民的生活。（《聯合國難民署 2015 年 6 月「全球趨勢」》）

《關於難民地位的公約》的序言提到：「庇護權的給予可能使某些國家負荷過量的重擔」，也聲明：「如果沒有國際合作，就不能對此問題達成滿意的解決」。我認為，全球社會在應付難民及境內流離失所者的需求時，必須將公約的國際合作精神銘記於心。

我在去年的倡言中，提議進行區域性合作，設立讓難民收容國的國民和難民，尤其是青年和婦女「自強」的體制，為他們提供就學、就業的援助。

現在，聯合國為五個中東國家推行一個雙管齊下的措施，為難民以及這五個收容他們的國家同時提供支援。這個取名《區域難民和復原計劃》(Regional Refugee and Resilience Plan) 的新支援措施，是特別為支援敘利亞難民和收容國的人民而設的，其目的在於透過改善收容國的基礎設施，提升當地的生活素質和就業機會。這項措施指望建立一個國際合作體制，增進區域的安定，減輕各別收容超過一百萬敘利亞難民的土耳其和黎巴嫩所背負的重擔，也舒緩同樣接收了大量難民的約旦、伊拉克和埃及所面臨的壓力。至今，《區域難民和復原計劃》改善了糧食與安全飲用水的供給，以及衛生與醫療保健和其他公共服務，於去年 12 月又發表了今後的基本方針與具體目標。

我敦促峰會深入商討《區域難民和復原計劃》，分享彼此的經驗與現在正面臨的課題，以促進今後的活動，如資金方面的合作事宜，作出將攜手共進的承諾。我也主張日本政府基於過去為敘利亞和該區域提供人道主義援助的經驗，擴大難民支援的範圍，致力確保難民兒童可享有光明的未來。

目前，在土耳其、黎巴嫩和其他地區，部分難民兒童能在一般的公立學校或臨時教育設施上課，但大部分難民兒童仍然欠缺接受教育機會。聯合國正在努力計劃，讓更多難民兒童有機會學習，歐洲聯盟也跟聯合國兒童基金會合作，在敘利亞及周遭國家為流離失所的兒童提供教育支援。懇切希望日本政府也能對此作出貢獻。

日本數所大學正在跟聯合國難民署合作，為難民開辦高等教育課程。希望見到更多類似的教育援助計劃出現，為年輕一代提供更多接受教育的機會。

● 人權教育與培訓

無論是難民危機或是其他人道主義援助行動，民間社會的參與不可或缺。為了迎來人人的尊嚴皆被重視的世界，SGI 今後會加倍努力，推進人權教育。

聯合國制訂《聯合國人權教育和培訓宣言》迄今已過了五年，這是由聯合國會員國通過的首個關於人權教育的國際準則。

在世界各地，源於種族歧視與仇外心理的事件屢見不鮮，其中把矛頭指向難民、流離失所者和移民的偏見和仇視行為尤其顯著，有鑒於此，宣言中的兩個原則顯得特別重要：

1. 促使個人發展成為自由、和平、多元和包容的社會中負責任的一員；
2. 推動防止人權受到侵犯和踐踏的現象，打擊並根除一切形式的歧視、種族主義、散布成見和煽動仇恨的行為，及其背後的各種有害觀念和偏見。

這裏的重點是，只避免做出歧視的行為並不足夠，我們絕對不可容許任何出自偏見和仇恨的侵犯人權行為，而把這樣的思想樹立為一種社會風氣，才是最要緊的，那就

是讓人權文化在社會扎根，落實「包容所有人」的理想。

在此倡言的前半部分，我談到牧口會長「不行善即為惡」的論點。讓人權文化扎根於社會，每個人的言行舉止都是關鍵，再三檢討不行善的後果有多嚴重是必要的。

宣言並不止步於學習人權的知識，或加深對它的理解，還明確指出要培養相關的態度與行為，並且聲明「人權教育和培訓是終生的，涉及所有年齡段」。這裏清楚道出讓人權文化發揚光大的主要因素。

作為民間社會的一員，SGI 從宣言的起草階段開始，就一直予以支持。宣言於 2011 年 12 月在聯合國大會上通過後，SGI 又為其推進獻上綿薄之力，舉辦多個意識啟蒙的展覽，也共同製作了影片《邁向尊嚴之道 —— 人權教育之力》。

2013 年，國際特赦組織、人權教育協會和 SGI 成立了「人權教育 2020」的民間社會網絡。作為促進《聯合國人權教育和培訓宣言》的一環，該網絡出版了《人權教育指標框架》。這是一份參考資料，協助各國實施優質的人權教育與培訓。

為紀念《聯合國人權教育和培訓宣言》成立五週年，SGI 與其他團體透過「人權教育 2020」的機制進行合作，一起籌備一個新的人權展覽，內容從人權的不同角度探討可持續發展目標的多個主題。希望這個展覽能鼓舞更多人參與，建設一個「人人的尊嚴皆被重視的世界」。

● 保護環境，減少災害風險

接着，我要提出有關環境與減少災害風險（簡稱減災）的建議。

首先是有關減低造成全球暖化的溫室氣體排放量（簡稱減排）。去年，從 11 月至 12 月舉行的《聯合國氣候變化框架公約》第二十一次締約方會議（又稱巴黎聯合國氣候變化大會）通過了《巴黎協議》——一個以防止全球暖化為目標的嶄新國際框架。[5]

《巴黎協議》的制訂具有非常重大意義，它代表了一百九十五個國家承諾在這國際框架內一起採取行動。目前越來越多人憂慮，假如全球平均氣溫比工業革命前水平高出攝氏二度，後果將不堪設想。在這個框架之下，每個國家都主動為自己訂立目標。雖然這些目標不受任何法律約束，可是每個國家都決心為了實現這些目標而制訂政策。

儘管防止全球暖化絕非易事，但是世上幾乎所有國家都參與《巴黎協議》，就是該協議的強大之處。我們必須認真思考，如何趁此優勢，合力讓各國皆以全人類的利益為目標，積極作出貢獻。

5　作為接替《京都議定書》而成立的新國際框架，在這框架下，一百九十五個簽署國有義務向聯合國提出各自的減排目標，並且在國內實施相應的措施。從 2023 年起，每五年通報各自的進展。保護森林，提高森林碳儲量的作用亦是協議中的目標之一。

對於常受反常氣候困擾的亞洲地區，尤其是溫室氣體排放量佔全球總數三分之一的中國、日本和韓國，我由衷期待三國同心協力，率先果敢地尋求有效對策。（《溫室氣體排放量主要趨勢》）

去年 11 月，第六次日中韓領導人會議時隔三年半在韓國首爾舉行。我在過去曾多次呼籲，為改善政治局勢的緊張狀態，應重開領導人會議。看到三國宣稱完全恢復合作，並且定期舉行會議，我感到萬分欣喜。

保護生態環境是三國合作的起點，亦是其核心。「東北亞是一個環境共同體」——這是在日中韓環境部長會議上達成的一致觀點。每年召開的環境部長會議，從來沒有因為外交關係惡化而停止，持續為保護生態環境而致力合作。（《日中韓環境部長會議的足跡》）

由於希望鼓勵日中韓進一步加強環境領域的合作，我在去年的倡言中提議三國締結協議，將整個區域設置為「可持續發展的典範」。除了解決大氣污染、沙塵暴等問題之外，假如三國能加強合作，應對氣候變化，這將成為達成《巴黎協議》目標的關鍵手段。

具體來說，就是在能源效益、可再生能源，以及廢棄物的減量、再利用和再循環等領域，分享彼此的知識與經驗。在這種相輔相成的作用下，三國必會加速往低碳未來發展的腳步。

今年的領導人會議計劃在日本舉行。除此之外，以探討東北亞的和平和環境為題的日中韓青年峰會也計劃在今年召開。

我敦促三國以這屆的領導人會議為契機，發表一份《日中韓環境宣言》，強調必定以《巴黎協議》的 2030 年期限為目標，為防止全球暖化而攜手合作。同時也籲請竭力確保青年峰會成功，並且作為三國皆參與的合作項目之一，為三國青年架設一個交換彼此富有創意的想法和經驗的平台，以及促進青年交流，以便為滿懷抱負的年輕一代所提議的環保合作活動提供一個發揮的空間。

● 居民的自豪與支持成為動力

除了國家間的合作，我要呼籲城市之間也進行合作，齊心協力應對全球暖化問題，為落實《巴黎協議》扮演「前線部隊」般的角色。城市雖然只佔全球陸地面積百分之二，但碳排放量卻佔世界總量百分之七十五，消耗着百分之六十以上的能源。這意味着，城市對環境所造成的負荷遠超其佔地面積的比例。但若換個角度來看待這問題，這也代表着只要城市改變，世界也會在很大的程度上跟着改變。（《可持續發展目標事實和數據》）

的確，城市人口稠密，所有的問題都集中在一個地方，對生態系統構成超重的負荷。另一方面，就是因為人口高

度集中於一處，所以任何面向低碳社會發展的舉措，如採取高能源效益的措施，或改用可再生能源等，都可取得巨大的成果。

於 2014 年的聯合國氣候峰會上達成的《市長契約》，是一個鼓勵世界各城市主動設立減排目標，並為此採取行動的計劃，目前全球已有四百多個城市參與其中。當一個城市展開行動並取得明顯的成果時，當地居民都會引以為榮而給予支持，這也會鼓勵更多人加入行動的行列，整個城市也會進一步向可持續發展社會的目標邁進。城市擁有引起此類正面連鎖效應的潛力，成為國家自覺致力達成《巴黎協議》的目標所需的動力。

促使可持續發展目標成立的商討過程，是由 2012 年的聯合國可持續發展會議「里約 +20」開始的。我在會議召開之前提議，新的發展議程必須成為人人皆視為攸關自身、願意和其他人合力落實的目標。

建立可持續城市是《2030 年可持續發展議程》中的一個目標。因為如果人人都能夠從自己身邊做起，那麼在日積月累中，連全球環境都會得到大幅度的改善，所以這個關於建立可持續城市的目標，能展示一個人的努力到底有多麼重要，讓人對自己的成就感到自豪。

● 設立與「人居三」互補的對話論壇

聯合國住房與可持續城市發展會議（又稱人居三）預定

在今年 10 月於厄瓜多爾的基多召開。除了國家政府以外，地方政府也可在那裏發表意見。各方代表將共聚一堂，分享彼此的努力成果和汲取到的教訓，全球團結一致為落實可持續發展城市的目標而努力。

環境運動家旺加里・馬塔伊博士曾經說過，她在肯尼亞推行「綠帶運動」的靈感，來自她在 1976 年出席加拿大溫哥華第一次人類居住大會（又稱人居一）的經驗：「不列顛哥倫比亞省環境優美，我在那裏遇到了許多與我同樣關心環境的人，這都是我所需要的營養素⋯⋯我受鼓舞感到精力充沛，決定返回肯尼亞，把理想化為現實。」（《永不屈服》）

無論屬於哪個國家或地區，希望為子孫後代留下更美好的環境是大家不變的心願。

在此，我想建議為地方政府和負責環保的非政府組織，設立一個與「人居三」相輔相成的地方政府環境合作對話論壇。

去年 3 月，為了配合在日本仙台舉行的聯合國第三屆世界減災大會，國際創價學會在日中韓三國合作秘書處的鼎力支持下召開了一場研討會，邀請活躍於減災領域的日中韓民間社會團體代表出席。在討論會中，秘書處副秘書長陳峰致辭強調，作為相毗鄰的國家，三國政府皆意識到倘若一國發生災難，其他兩國皆唇亡齒寒，不能隔岸觀火，所以應優先在減災方面進行合作。這考量也適用於環境方面的問題。

目前，日中韓三國之間已締結了超過六百個地方政府友好城市協議。若在這友好城市協議的基礎上，讓更多地方政府聯繫起來，那將加深對於彼此的居住地雖然有別，但都同屬一個「環境共同體」的認知。毫無疑問，那將會為三國的友好與未來，留下極其珍貴的財富。這是我堅定不移的信念。

● 環保有助防災減災

其次是談到有關「基於生態系統的災害風險抑制方法」。今天，世界上有超過八億人苦於飢餓和營養不良。土壤是糧食生產的基礎，但全球約百分之三十的土壤資源在某種程度上正在退化。（《糧農組織啟動 2015 國際土壤年》）

健康的土壤在碳循環中扮演關鍵的角色，也具有儲藏和過濾水的功用，對生態系統而言，是不可或缺的元素，但長久以來一直沒有受到充分的關注。土壤一旦退化而變得貧瘠，就難以復原，或許要花上一百年以上的時間，才可重新形成一公分的土壤。

儘管全球森林砍伐淨值已經出現下降趨勢，但每年仍有一千三百萬公頃的森林消失，這對自然環境的打擊，尤其對生物多樣性的損害令人憂慮。（《可持續發展目標事實和數據》）

可持續發展目標中有一項提到「制止和扭轉土地退

化」與「可持續管理森林」。保護生態系統也好，以碳吸存（carbon sequestration）的方式防止全球暖化也好，無論處於哪個立場，這些都是刻不容緩的挑戰。

近年，環保對減災的作用備受矚目。這關係是在 2004 年印度洋海嘯發生時開始受到注意。研究發現，海嘯發生時，紅樹林形成一面生態防護罩，保護附近的沿岸村落，使其受害程度低於其他沒有紅樹林的地方。

目前在「基於生態系統的災害風險抑制方法」下展開的計劃包括種植樹木使沙丘穩定、運用濕地來減低風暴潮、綠化城市來防止水災等。

特別需要留意的是，社區居民積極與持續的參與具有非凡的意義。在 311 日本東北大地震的災區，兒童積極參與培植樹苗的活動，期待協助恢復有防護作用的沿岸樹林。諸如此類的活動，能鼓勵人一起深思社區內生態系統的重要性，引導更多人加入活動的陣容，推廣「今日種植的樹苗或許他日會挽救他人性命」的思潮。

有朝一日當人們重返舊地，見到自己過去辛勤栽種的林木時，他們會更深切地對眼前的景色產生一種親切的情感。通過親身守護珍貴的自然環境，以及參與當地的減災行動，人會理解到，生態系統與日常生活有着密不可分的聯繫。這樣的理解和感受，會伴隨着樹木的成長而不斷加深，社區的韌力也隨之而變得更強而堅實。就是說，用自

己的雙手守護社區的生態系統，就是在孕育社區的未來和希望。

● 兒童是變革社會的主角

近年，聯合國繼「可持續發展教育十年」之後，推出了《全球可持續發展教育行動計劃》，鼓勵青年參與是其重點之一。對此，我想鼓勵世界各地的青年和兒童，積極參與「基於生態系統的災害風險抑制方法」有關的活動，包括植樹運動。

於去年3月聯合國第三屆世界減災大會上通過的《仙台框架》強調，減少災害風險需要整個社會的參與和合作，也指出兒童和青年是「變革的推動者」，應該給予更多機會參與減災工作。（《2015-2030年仙台減少災害風險框架》）

SGI與其他非政府組織一起提倡制定「聯合國可持續教育發展十年」，為了這個目的，自2002年起在各地舉行「變革的種子：地球憲章與人的潛能」和「希望的種子：可持續發展的展望」展覽。這些展覽得到許多中、小學生前來參觀，提供了一個最佳的環境教育場所。

SGI如此重視可持續發展教育的理由，就是希望可以讓人深入瞭解人與環境之間不可分割的關係，鼓勵所有人，不分男女老幼，皆展現「應用的勇氣」的熱潮。牧口會長稱之為教育的主要目的。

我相信這些在社區展開的行動會積沙成塔，打開通往維護地球環境的確實道路。

● 裁軍與禁止核武器

　　最後是有關裁軍與禁止核武器的提議。

　　常規武器加深人道主義危機，也助長恐怖事件在世界各地發生，因此我的第一個提議，就是加強防止常規武器擴散的國際制度。

　　由於大量小武器流入紛爭地區，世上每年有無數人喪命。

　　小武器常被稱為「事實上的大規模毀滅性武器」，《武器貿易條約》[6] 就是為了管制這類武器、坦克、導彈及其他常規武器的貿易，而於 2014 年 12 月成立的。現在只有七十五個國家批准，如今仍然有許多主要課題尚未解決，如武器交易的匯報系統。

　　去年 8 月，《武器貿易條約》首屆締約國大會於墨西哥坎昆舉行，與會者意見分歧，無法對是否讓報告書公諸於世、該把甚麼武器列為匯報對象等多個重要議題達成共識。

　　自 1999 年以來，我便不斷地強調管制武器買賣的重要

6　經過六年的磋商，最終於 2013 年 4 月在聯合國大會上通過的首條限制常規武器國際貿易的條約。以是否嚴重違反國際人道法、國際人權法，以及防止恐怖活動條約等，作為是否允許進出口的標準。如果武器很明顯會被用在種族滅絕、反人道主義行徑、戰爭罪行等用途上，其進出口將被禁止。

性，因為我認為，在二十一世紀的和平建設中，這是個非解決不可的問題。

日趨嚴重的難民危機凸顯了透過該條約來杜絕常規武器的擴散是當前的燃眉之急。這些武器的擴散，不但使武裝衝突深陷泥沼，也逼迫為數眾多的人民逃離家園淪落為難民，而且衝突結束後仍有死灰復燃的可能，這就截斷了人民安心回歸家園的路。

小型武器易於攜帶，操作簡單，是兒童被強制徵召為童兵問題背後的一個因素。據估計，世界上約有三十萬童兵，他們不但要忍受身心受創的痛苦，更要面臨死亡的恐懼。（《10 個童兵當中有 4 個是女童》，*4 out of 10 Child Soldiers Are Girls*）

為了防止恐怖活動的蔓延，嚴格管制常規武器在國際間的買賣是絕對不能避免的。《武器貿易條約》如果配上各項已經生效的反恐怖主義公約，可以形成一種相輔相成的效應，加強全球社會應對恐怖活動的體制。

考慮到由小型武器氾濫引起的種種不良後果，國際社會必須通力合作，以《武器貿易條約》來截斷仇恨與暴力的負面連鎖效應。

《2030 年可持續發展議程》把「非法的資金和武器流動」，列為「導致暴力、不安全和不公正的因素」之一，並且表示，消除這些因素是該議程到 2030 年為止的指標。我

要疾呼各國儘早加入批准《武器貿易條約》的行列，顯示將全力以赴地實現條約的目標的誠意。

另外，相信全面公開包括武器交易的數量在內的資料，可以使交易過程更具透明性，提高條約在執行方面的實際效果。

●《不擴散核武器條約》締約國審議大會未達共識

第二個提議是關於禁止與廢除核武器。

去年，在日本廣島和長崎遭原子彈轟炸七十週年之際，《不擴散核武器條約》締約國 2015 年審議大會於聯合國紐約總部舉行，但會議在沒有達成共識下告終。

2010 年《不擴散核武器條約》締約國審議大會的《最終文件》中，言及使用核武器造成的「災難性人道主義後果」，以及要遵守國際人道主義法。由那時起，國際社會益發關注核武器使用所附帶的「災難性人道主義後果」，召開了三次與此主題有關的國際會議。

儘管如此，在 2015 年的審議大會上，有核武器國家與無核武器國家之間的鴻溝依然無法填補，以致《不擴散核武器條約》締約國無法在這歷史性的時刻達到共識，實在令人感到惋惜。

但是最近的一連串動向讓人看到希望的曙光。這些動向包括：

1. 愈來愈多國家簽署了《人道主義承諾》，許下諾言將投身於解決核武器問題的共同事業；
2. 聯合國大會在 2015 年 12 月，通過了幾項極具積極性的決議，訴求打開僵局；
3. 民間社會要求禁止與廢除核武器的呼聲不斷高漲，其中以信仰為基調的組織所付出的努力，以及年輕一代的參與令人矚目。

我們應該趁着這機會，勾劃出通向無核武器世界的路線圖，並且透過具體行動來實現這個目標。

在 2015 年 5 月舉辦的《不擴散核武器條約》審議大會上，發表了 SGI 與其他團體一同起草的《宗教界對核武器不人道後果的憂慮》的共同聲明（紐約聯合國總部）。

● 核武器摧毀一切的不人道性質

今年 1 月 6 日，朝鮮進行核試驗，加深了國際社會對核擴散的憂慮。

如果發生利用核武器互相攻擊的事件，到底會有多少人死亡？又有多少人會受其餘波影響？—— 不管發生在世界的任何角落，後果將不堪設想。

現今，世上的核武器數量超過一萬五千件。一旦被使用，人類社會為了解決這全球問題長年累月所付出的努力，會於一瞬間變得毫無意義，一切將徒勞無功。

就拿當前的難民危機來做個比較。世界上有六千萬難民，核武器爆炸的威力跨越國界，所釀成的人道主義危機在規模及嚴重程度上，是難民危機所無法比擬的。數以億計的人會為了自身的安全而離鄉背井。同樣地，考慮到一公分土壤的形成可能要花上長至一千年的時間，無論如何努力防止土壤退化，一場核爆炸就會污染地球上極大範圍的土地。

而且最近的研究指出，即使是局部性的核武器攻擊事件，全球生態系統會遭到災難性打擊，而全球氣候也會受到影響，導致糧食短缺，引起「核饑荒」。

至今，在促進聯合國「千年發展目標」的名義下，為改善貧窮問題和公共衛生所做的努力，取得相當有效的成果，相信這種良好的進展，今後在促進「可持續發展目標」

中減災、建設可持續城市等項目時將得到延續。但核武器的存在意味着，有朝一日這一切都有可能前功盡棄。

　　既然使用核武器會造成如此浩劫，讓世界處處民不聊生，那麼依賴此類武器來維持國家安全又有甚麼意義？以傷害數不勝數的人、促成無法修復的禍害、讓生靈塗炭等為條件，所換來的安全制度到底是為了保護甚麼？現有的國家安全制度是否已經違背其維護人民、守衛他們的生活的初衷？

　　在持續至今的全球軍事競爭剛開始的 1903 年，我們創價學會牧口初代會長已經主張，當某個領域的競爭一直無法達到目的時，就有必要改變該競爭的形態與性質：「如果陷入持久戰，國內各方面都會受到影響，最終國力的疲弊在所難免，一切都得不償失。」（《牧口常三郎全集》第二卷）

　　牧口會長所指摘的軍事競爭，經歷兩次世界大戰，又經過始於冷戰時期、至今仍在持續的核武器競爭，弊端已經一目了然。

● 《全面禁止核試驗條約》所作的人道貢獻

　　核武器能夠造成巨大的人道主義衝擊，其軍事用途又有諸多限制及不足之處，這類武器實際上毫無用處的事實已經擺在我們的眼前。軍事競爭已經到達極限，我們在見證一種新的國際競爭模式破土萌芽。人道主義的精神是該競爭模式的焦點。

國際監測系統在各方面的貢獻是其中一個例子。國際監測系統是在《全面禁止核試驗條約》於 1996 年通過後成立的。《全面禁止核試驗條約》目前還需要得到八個國家的批准才可以生效，但是由《全面禁止核試驗條約》組織籌備委員會，為了監測全球核試驗跡象而成立的國際監測系統，已經開始運作。

　　在朝鮮進行核試驗後，國際監測系統迅速監測到由那裏傳出的地震波與輻射，讓人看到了這系統的有效程度。除此之外，國際監測系統的國際監測網絡也被用來掌握天災的情況，以及與氣候變化的影響。具體來說，這包括：監測海底地震活動，提供相關的資料，以方便海嘯警報中心於第一時間發出必要的警報；實時監測火山爆發情況，協助民航機構發出即時警報；追蹤大範圍的氣候動向、冰山崩壞等；為地球負起聽診器的重要任務。

　　聯合國秘書長潘基文表示：「《全面禁止核試驗條約》尚未生效，就已經在挽救人命。」(2011 年 6 月 8 日《全面禁止核試驗條約》：科學技術 2011 年會議) 誠如這句話所提到，這原本是為制約核軍備競賽，以及防止核武器擴散而設的條約及核查機制，卻展現了另一個至關重要的人道主義面貌，維護着無數人的生命。

　　條約通過以來已經過了二十年，我呼籲剩餘的八個國家也儘早批准，使《全面禁止核試驗條約》名副其實地充分發揮作用，斷絕在這世上進行核試驗的危機。

加緊努力促進核裁軍、廢除核武器自不待言，同時也須加強發展因《全面禁止核試驗條約》成立而應運而生的各種活動，以建立一個人道主義為先的世界。

● 國家安全是以民眾的犧牲為前提

1957 年 9 月，在冷戰對立情緒不斷高漲，核軍備競賽益發激烈的時候，恩師戶田會長發表《禁止原子彈氫彈宣言》，力求必須廢除核武器：「現在，世界各地雖然開展着一連串禁止核試驗或原子彈氫彈試驗的運動，但我更要把隱藏在其背後的魔爪除掉。」(《戶田城聖全集》第四卷)

這段話不但道出世界民眾期盼見到核試驗被禁止的心聲，更進一步強調，要克服在眾多民眾的犧牲上建立國家安全這種輕賤生命的心態，如此才可徹底解決問題。

我的恩師在談到「隱藏在其 (核武器) 背後的魔爪」時所指的，就是「只顧目的不擇手段」、「以犧牲其他國家的人民，來換取自己國家的安全和利益」、「一意孤行、不顧後果」等毒害現代文明的錯誤思想。他的話一直縈繞我耳畔，鞏固了我投身解決核武器問題的決心。我深信，只要在這場對弈中勝出，這個世界必會轉往人道主義的方向發展。

只要地球上有核武器，核威懾是唯一可行之路 —— 這種想法在有核武器國家與其同盟國之間根深蒂固。他們或許認為，掌握了核威懾的主導權，一切都在掌控之中，但這不能完全排除意外爆炸，及錯誤發射的可能性，而且

這危機發生的機率，與掌握核武器軍備的國家數目成正比例。一個國家的核武器軍備所操縱的，不單單是該國而是全人類的命運。

二十年前，國際法院發表《以核武器進行威脅或使用核武器的合法性》的諮詢意見書。針對《不擴散核武器條約》第六條，諮詢意見書指出：「有義務真誠地進行和完成談判，以便在嚴格有效的國際監督下實現全面核裁軍。」

●《人道主義承諾》與聯合國決議

儘管如此，所有有核武器國皆參與的真誠談判，迄今尚未召開。核裁軍仍然是個遙遙無期的目標。這是個異常嚴重的現狀。

為了在這死胡同打開一條出路，去年《不擴散核武器條約》審議大會上提出了「人道主義承諾」，目前已有一百二十一個國家簽署，那是聯合國全體會員國的過半數。該承諾呼籲與利益相關單位、國際組織和民間社會密切合作，致力讓核武器成為人人忌諱之物，禁止和消除這些武器，並且號召各國把「提出和採取有效措施，填補法律空白，以禁止及消除核武器」定為當前急務。（《人道主義承諾》）

去年，聯合國大會對多個訴求採取有效措施的草案進行表決，最終通過決議，決定設立不限成員名額工作組，以便就這方面的問題展開實質性的討論。決議表明，不限

成員名額工作組今年將「在國際組織和民間社會的代表參與和作出貢獻的情況下」於日內瓦舉行會議，而與會者將「盡最大努力達成全面的一致意見」。(《推進多邊核裁軍談判》)

我熱切希望「不限成員名額工作組」能成功打破《不擴散核武器條約》審議大會停滯不前的僵局，使國際法院諮詢意見書中「有義務真誠地進行和完成談判，以便實現全面核裁軍」的主旨具體化。

鑒於使用核武器所造成的災難性人道主義後果，我要促請「不限成員名額工作組」在聽取民間社會的呼聲，嘗試將之反映在其對策中時，慎重檢討以下三點：

1. 從高度警戒狀態，撤除以核反擊的機制；

2. 脫離核保護傘；

3. 停止改進或提升核武器的威力。

有關前兩點，從核武器在軍事用途上的可使用性，以及使用這類武器所促成的災難性人道主義後果來看，皆反映出核武器「不可使用」的性質，因此應先着手解決這兩項課題。

在此，我們可以借鑑生物及化學武器被列為「不容許使用」的歷史。這兩種武器在兩次世界大戰的激烈對立中研發出來，後來由於使用後會釀成嚴重的人道主義後果而被禁止。

前任聯合國裁軍事務高級代表安格拉・凱恩 (Angela

Kane）的話語正中要害：「如今有哪個國家敢吹噓自己是『有生物武器國家』或『有化學武器國家』？現在有誰會在叫嚷，使用腺鼠疫菌或脊髓灰質炎病毒來攻擊或反擊，無論在任何情況，都是合法行為？又有誰在提倡生物武器保護傘的必要？」（《裁軍：資產負債表》，*Disarmament: The Balance Sheet*）

況且，2010 年《不擴散核武器條約》審議大會的《最後文件》，也規勸有核武器國家快速「減少核武器在所有軍事和安全概念、理論和政策中的作用和重要性。」

從這個角度來看，巴西和數個國家在 2015 年 10 月，向聯合國大會提呈的決議草案深具意義。決議草案鼓勵「屬於成員中有核武器國家的區域聯盟的所有國家在徹底消除核武器之前，推動降低核武器在其集體安全學說中的作用。」（《建立一個無核武器世界：加速履行核裁軍承諾》）

在同一屆大會上，另一份由日本及其他數個國家領先提呈的決議草案則提到：「呼籲所有相關國家繼續審查其軍事和安全理念、學說和政策，以期進一步降低核武器在其中的作用和重要性。」

我認為，現在受美國的核保護傘庇護的日本，或許應該率先檢討修改其國家安全制度。（《再次下決心採取聯合行動徹底消除核武器》）

七國集團峰會預定在今年 5 月舉行。在那之前，七國集團外長會議將在 4 月於日本廣島召開。為了促進東北亞

地區的非核化，希望屆時會議將關於核武器違反人道主義性質的問題，與包括朝鮮核問題在內的核不擴散問題，以及關於減輕核武器角色的問題一併列入議程，進行討論。

● 核研發與近代化帶給世界的影響

第三點關於停止改進或提升核武器的威力。我在去年的倡言中也提到這是個必須關注的問題。為了維持核武器，每年要耗費超過一千億美元的財政預算。如果讓這情況繼續下去，全球社會會持續地陷入這種扭曲狀態而無法脫離。

南非在 2015 年 10 月向聯合國大會提出的決議草案中也論及：「在人類基本需求尚未得到滿足的這樣一個世界裏，劃撥用於核武器庫現代化的大量資源可轉而用來實現可持續發展目標。」（《建立一個無核武器世界的道德責任》）

倘若當下改進核武器的步調維持不變的話，人類今後好幾代人都不得不活在核武器的陰影下。儘管核武器不被使用，資源的調配依舊妨礙可持續發展目標的實現，而全球社會扭曲的狀態也無望得到改善。

一名南非代表在聯合國大會上提呈該決議草案時指出：「核裁軍不單是國際法上的義務，也是道德上、倫理上最優先的命題。」（《南非的聲明》，*Statement by South Africa*）我相信這句話道出了廣島、長崎原子彈爆炸倖存者的無盡辛酸，世界各地在核研發及核試驗中受核輻射影響

之人的極度痛苦，以及世上千千萬萬愛好和平的民眾、所有《人道主義承諾》簽署國皆抱持的熱切期盼。

在 2015 年的《不擴散核武器條約》審議大會上，SGI與基督教、猶太教、伊斯蘭教等宗教傳統的代表，聯手呈上一份題為《宗教界對核武器不人道後果的憂慮》的共同聲明。其中一節提到：

「核武器有悖我們信仰所提倡的——人人皆有權利享受安穩且符合尊嚴的生活；遵守良心及正義的規範；負起責任捍衛弱勢族群；為後代子孫保護好這個地球等價值觀……（我們）互相呼籲儘早召開所有國家皆可參與，無人被拒的公開論壇，讓各國討論設立禁止核武器的法律機制。」前文我談到牧口會長對競爭的演化過程所作的分析，無論是從軍事觀點來探討核武器競爭及其他所有形式的軍事競爭，或是考慮到這類競爭對世界所構成的嚴重負荷，都可發現進行這樣的競爭其實是違背邏輯和常理的。現在正是認清這事實的時刻。

我希望今年在瑞士日內瓦舉行的「不限成員名額工作組」會議，會進行有建設性的討論，繪畫出「以建立和維持一個無核武器世界」的路線圖，在圖中標上所需的有效措施，以作為聯合國所有成員國非完成不可的共同義務。也希望「不限成員名額工作組」會以在 2018 年之前召開的核裁軍問題聯合國大會高級別會議為目標，為締結禁止核武器的條約，製造有利於進行磋商的條件。

● 持續舉行世界青年峰會

明年是戶田會長發表《禁止原子彈氫彈宣言》的六十週年。SGI 一直以此宣言作為活動的原點，積極參與無核武器世界的建設，透過公眾教育擴大民眾對這目標的支持。我們堅信，禁止及廢除這類武器的運動，應由全世界的民眾萬眾一心地推動。世界各國與民間社會需要同心協力，落實屬於所有人的國際法。

去年 8 月在廣島舉行的國際廢除核武器青年峰會上發表的一份《青年誓約》中宣言：「核武器是過去的象徵，它對現在構成嚴重的威脅，於我們着手創造的未來不應存在。」(《變革的一代》)

2015 年 8 月，在廣島舉行的國際廢除核武器青年峰會。在最後一天的公開研討會上，把與會者一致發表的《青年誓約》遞交聯合國秘書長青年問題特使艾哈邁德·欣達維（Ahmad Alhendawi）。

這場青年峰會由包括 SGI 在內的六個團體主辦，與會的青年代表來自二十三個國家。聯合國秘書長青年問題特使艾哈邁德‧欣達維（Ahmad Alhendawi）也應邀出席。與會者一致決心要讓原子彈爆炸與核試驗倖存者的體驗廣為流傳，提升同輩青年對核武器的意識，守護人類共同擁有的未來。

過後，當聯合國大會第一委員會於 10 月在美國紐約舉行高級別專題辯論會，討論裁軍與國際安全時，青年峰會的代表在一個周邊活動上匯報了峰會的工作成果。這場活動集中討論年輕一代在聯合國及自己的社區內到底可以採取些甚麼行動，為建設無核武器世界開闢一條新路。

希望今後能與志同道合的人和團體攜手合作，支持召開廢除核武器的峰會。《青年誓約》另一節提到：「廢除核武器是我們的責任、是我們的權利。我們不會袖手旁觀而錯失廢除核武器的良機。我們青年要在多樣化的基礎上團結一心，誓必實現這個目標，因為我們是『變革的一代』。」（同上）

只要這份由世界各地的青年代表在廣島發布的《青年誓約》在全球民眾的心中扎根，那麼任何阻礙都可跨越，任何目標都可實現。

有志者事竟成，年輕一代在心中立下的堅決誓約，可以改變這個世界，讓所有人的生命和尊嚴都不再受核武器威脅，大家都可以享受和平、活得有尊嚴。

青年是「變革的一代」，我們 SGI 立意要以青年的團結為基礎，為廢除核武器及達成「可持續發展目標」不遺餘力，全心全意打造一個「不讓任何一個人掉隊」的世界。

集青年之力　創希望黎明

2017 年 SGI 日紀念倡言

今年是我人生之師、創價學會第二代會長戶田城聖發表《禁止原子彈氫彈宣言》六十週年。戶田會長和初代會長牧口常三郎一起，為和平與人類幸福奮戰終生，其中心思想就是以佛法的尊重生命哲學為根本的地球民族主義。

這是主張無論出生於任何國家、屬於任何種族，任何人都不會遭受歧視剝削，其利益不被犧牲的信念。這與現在聯合國向國際社會發出的「不讓任何一個人掉隊」（《變革我們的世界：2030 年可持續發展議程》）此呼籲不謀而合。

正因為有此強烈信念，戶田會長將威脅世人生存權利的核武器形容為「絕對惡」，呼籲加強民眾的團結，創造廢除核武器的世界潮流。

1957 年 9 月 8 日，在颱風過後的秋空底下，戶田會長在橫濱三澤運動場向在場的五萬名青年呼籲：「如果是我的弟子的話，就要繼承我今天的聲明，將此意義向全世界推廣。」（《戶田城聖全集》第四卷）恩師的吶喊言猶在耳。

由那時候起，日本創價學會的會員和志同道合之士及團體同心合力，一直推動禁止與廢除核武器的活動。

在國際社會，對核武器不人道性質的認知日益增長，去年 12 月聯合國大會通過歷史性決議，要求就締結具有法律約束力的廢除核武器條約進行談判。首輪談判會議預計於今年 3 月 27 日在聯合國紐約總部舉行，無論如何，定要開啟讓世界無核武器化的進程。

世界所面臨的重大問題不勝枚舉，除了核武器問題以

外，還有接連爆發看似無休無止的武裝衝突，以及難民人數與日俱增的局面。儘管如此，我不會因此而對人類的未來感到悲觀。那是因為我確信，世界上有多少青年，就有多少希望和美好的未來。

事實上，數以百萬計的年輕人仍苦於貧窮、不公正等苛刻的生活條件，於去年推出的聯合國「可持續發展目標」（SDGs）把兒童和青年列為最應給予關注的族群就說明了這一點。

然而，我們不可忘卻，青年是「可能性」的別名，猶如聯合國安全理事會第 2250 號決議所指出，青年在和平建設中扮演重要的角色。

制訂可持續發展目標的《變革我們的世界：2030 年可持續發展議程》是聯合國大會通過的決議，其內容將青年形容為「變革的重要推動者」，這也是我的確信。青年本身以及他們的積極參與，是解決諸多地球問題所需的動力，對於至 2030 年為止落實聯合國所訂立的目標，他們也掌握着極其重要的關鍵。

在今年的倡言，我會以青年的角色為焦點，就如何構築可持續發展目標所勾勒的和平、公正和包容的社會，分享我的一些想法。

● **應對氣候變化的《巴黎協議》生效**

我想談及的首個挑戰，就是意識到大家共同生活在這

地球上，並以此為立足點，促進彼此的凝聚力。青年在這方面扮演舉足輕重的角色。

去年 11 月，應對氣候變化的新國際框架《巴黎協議》[1] 開始生效。《巴黎協議》於 2015 年 12 月通過，又於 2016 年 4 月得到一百七十五個國家和地區簽署，並以史無前例的速度，在通過後不到一年的時間內生效。

世界各國眾志成城，完成了過去看似不可能完成的創舉。這種一改過往風潮的做法之所以會實現，是因為各國從極端氣候、海平面上升及其他肉眼可見的現象中，不約而同地體會到氣候變化問題的迫切性。

為了解決貧窮問題，並且加快實現「可持續發展目標」的十七項目標和一百六十九項具體目標的進度，我們應不受領域所限，齊心合力達成共識。

可持續發展目標範圍廣，以致很多人在質疑其期待的結果是否有望落實。但我們不可忘卻，目標數目的龐大，與在水深火熱中受盡煎熬之人的多寡成正比例，任何一項都不可忽視。無論是武力衝突或自然災害，對於受害的人來說，與來自衝突與災害的直接打擊相比，感到自己被人

1　2015 年 12 月，於巴黎舉行的聯合國氣候變化大會（COP21）中通過的協議，作為 2020 年以後的氣候變化對策。包括發達國家、新興國家和發展中國家在內的一百九十六個國家和地區同意，要確保全球平均氣溫的上升幅度，不超過工業化前全球平均氣溫的 2 度。二十一世紀下半期，讓人類活動所形成的溫室氣體的排放量，與吸收量保持平衡，最終實現溫室氣體淨零排放。

遺忘、不受關注更加令他們難受。

難民危機有燃眉之急，儘管去年5月的世界人道主義首腦會議，以及9月的聯合國應對關於難民和移徙者大規模流動的首腦會議重點討論這議題，國際合作仍舊無法取得令人滿意的成果。

去年10月，安東尼奧·古特雷斯（António Guterres）在當選聯合國秘書長不久後接受採訪時說：「我會盡我所能，推動國際社會負起保護難民的責任。這樣的思想不僅在難民公約中，在世界上所有文化及宗教中亦是根深蒂固。你可從伊斯蘭教、基督教、非洲、不同的宗教、佛教、印度教中，見到一種欲保護難民的強烈信念。」（採訪：激增和平外交將是我的首要任務 —— 候任聯合國秘書長）

SGI與其他團體於世界人道主義首腦會議舉辦研討會，討論在人道支援領域上宗教團體的責任（2016年5月，土耳其伊斯坦布爾）。

如古特雷斯秘書長所說，當務之急是更加努力化解難民危機，而且為解決此危機提供支撐的精神基礎，本來就以不同形態存在於世上。故此不管眼前的挑戰何等艱鉅，重要的是大家同舟共濟，在自己能力範圍內為他人盡心盡力。

● 釋尊「對症下藥」的説法鼓勵

佛教的出發點，也是與人們一同跨越困苦。釋尊留下被稱為「八萬法藏」的龐大教義，大部分都是在幫助眼前的人消除煩惱和痛苦。釋尊不限定他説法的對象，説：「我為萬人之友，萬人之夥伴」(《長老偈經》)，本着這信念，遇到誰就對誰説法。

在描寫釋尊時，德國哲學家卡爾・雅斯貝爾斯 (Karl Jaspers) 説：「佛陀並不是以傳授知識的教師身份出現，而是以明示救濟之道的領路人姿態出現於世。」(《大哲學家》)

雅斯貝爾斯説借用了「救濟之道」這古印度醫學用語，那是因為釋尊説法鼓勵人的話語，發揮到如醫生為病人「對症下藥」般的作用。

釋尊如此敦促門下弟子：「諸比丘！去遊行！此乃為眾生利益、眾生安樂。」(《漢譯南傳大藏經》第三卷) 釋尊和他的弟子遊歷各地，親自走到有煩惱之人的身邊，對他們予以關懷與鼓勵，不管對方屬於甚麼種族或社會階級，故被稱為「四方之人」。(《誦讀原始佛典》)

釋尊對生命的價值深信不疑，視所有人的生命為至極

珍貴，認為即便在最困難的情況下，也能發揮出生命原本具備的潛力。

當時的印度社會流行着兩個思想學派。一派是「宿命論」，認為人的現狀和未來，全都是由過去的宿命所決定和支配着，不能改變。另一派是「偶然論」，主張生活中的一切都緣於偶然，沒有任何特別的原因或條件。

「宿命論」主張無論如何努力也無法改變命運，只能默默接受自己的境遇，從人的心中奪走希望。

而「偶然論」認為任何事皆沒有因果關係。這種思想不但使人生失去軌道，甚至讓人覺得即使做出傷天害理的事，也無須介意，不會有任何後果。

為了幫助民眾擺脫這些有害的精神束縛，釋尊呼籲：「汝莫問所生，但當問所行。刻木為鑽燧，亦能生於火；下賤種姓中，生堅固牟尼。」(《雜阿含經》)

人生中的所有事物並不是不能改變的，而是因應自己此時此刻的行為而能夠作出變革。佛教指出，心之一念的轉變能改變現在的狀態（因），造就未來的結果（果）；並且提出決定原因和結果的「緣」的重要性。就是說，同樣的一個「因」，會由於接觸不同的「緣」，而於未來會顯現不同的「果」。

從這觀點來看，佛教所推崇的生存方式，就是對生命的尊重和其可能性抱持確信，站於失去生存希望的人身邊，互相鼓勵，並肩共進。

● 自強引發內在的潛能

大乘佛教把一個以自他共同幸福的生存方式為目標的人稱為「菩薩」。《維摩詰經》中，有描寫這種精神的一節：

> 劫中有疾疫，現作諸藥草，
>
> 若有服之者，除病消眾毒。
>
> 劫中有饑饉，現身作飲食，
>
> 先救彼饑渴，卻以法語人。
>
> 劫中有刀兵，為之起慈心，
>
> 化彼諸眾生，令住無諍地。（《維摩詰所說經》）

「菩薩」不單只給飽嚐生老病死這「四苦」的人們給予鼓勵，如《維摩詰經》中「以一切眾生病，是故我病」所述，當社會發生重大問題時，不管自己有沒有受到波及，也以同苦之心於自己身處的地方毅然行動。

這行為就如《維摩詰經》中提及的「無盡燈」法門[2]一般，不但在遇到的人的心中點燃希望，更照亮周遭環境及整個社會。

2　佛教在家信徒維摩詰為天女們講述的法門。一盞燈點燃其他百千盞燈後，依然燈火不減。就如照亮滿室黑暗的燈火那樣，點燃心中「與人為善」的燈火，如此以「善」為本的燈火就會一傳十般擴展開來，使社會變得更明亮。

我們國際創價學會（SGI）也是本着這種「菩薩」精神，作為以信仰為基調的組織（faith-based organization），積極支持聯合國的活動，為解決各種全球問題孜孜不倦。多年來，我們展開援助難民的活動、災害發生後進行的賑災及重建活動等。在這當中，我們最關切的是開啟「由民眾推進、歸民眾所屬、為民眾而有」的自強過程。

就如「無盡燈」的譬喻所形容，這樣的自強過程，可引發人們與生俱來的潛力，是激起變革的無限動力，代表着無窮無盡的希望。

釋尊佛法的精髓《法華經》中，有「化城寶處」這個譬喻：一支行商隊伍，由一個通曉險路的領隊帶領，在一望無際的沙漠上行進。但是大家在中途感到筋疲力盡，寸步難行。領隊想，這時回頭，豈不是前功盡棄，於是運用神通力，在前方幻化出一座城，鼓勵大家向着這座城進發。商隊打起精神，繼續行走，最後進到城內休息。見到大家已經恢復體力後，領隊才跟他們解釋，那只是一座虛幻的城（化城），真正的目的地（寶處）已經離該地不遠，鼓勵大家繼續努力前進。

在經文的偈言中，釋尊反覆談到這譬喻的意義，那裏雖然改用「寶所」一詞，但貫穿整個譬喻的主題就是「共至寶所」這句話。這裏強調，無論如何辛苦，處境看似如何絕望，也要攜手前進，為自己及他人的幸福不屈不撓，這是對人的精神表示推崇的偉大宣言。

從剛才所說的因果關係來看，商隊在沙漠中感到筋疲力盡（因），本來打算中途而廢（果），卻因為得到領隊的鼓勵（緣），而最終到達目的地（不同的果）。

在十三世紀日本，宣揚以《法華經》為本的佛法僧侶日蓮大聖人有「化城即寶處」（〈御義口傳〉）一說，指出化城和寶處並非兩回事。到達寶處固然重要，但以「皆共至寶處」（同上）的心一同前進的過程更尊貴。

日蓮大聖人強調，人們的苦惱（因）與對他們的鼓勵（緣）因緣合和（因緣際會）時，那麼向前跨出的每一步不但能顯現為「念念之化城」（同上），更成為自他與共的尊貴生命發放光輝的「念念之寶處」（同上）。

● 埃斯基維爾博士的信念

過去，我在談到在「可持續發展目標」推出前曾實施至 2015 年的聯合國「千年發展目標」時呼籲：「實現聯合國千年發展目標，不僅要努力實現目標，還要讓為悲劇所苦的人重拾笑容。」（《和平論壇——池田大作致聯合國的倡言》，*A Forum for Peace: Daisaku Ikeda's Proposals to the UN*）我認為，如果一味追趕數字，很容易把苦境中的人真正所需置於腦後。這種做法背離了目標的本意，會造成後勁不繼的情況，使目標更加不易達成。

這讓我想起阿根廷人權活動家阿道弗・佩雷斯・埃斯基維爾博士的話：「人類朝向身為人之共同目的前進時，走

向自由與和平時，就能發揮非凡的能力。」（《人權世紀的建言——「第三千年」的關鍵》）

埃斯基維爾博士如此的信念，是在他和中南美洲民眾一起面臨嚴峻的社會局勢，堅持不對未來失去希望，攜手推進人權運動的磨礪中形成的。

埃斯基維爾博士對民眾的行動讚嘆不已，說：「當再進一步觀察民眾的生活，不論男女老幼，民眾並沒有想成為英雄。每天只希望有奇蹟出現，開出花朵。那朵花，存在日常生活的奮戰中，亦即會綻放在小孩對人生展現的笑容當中，會綻放在創出希望的一刻，會綻放在以希望之光照亮道路之中，會綻放在發現『一切努力都是為了解放自己』的瞬間。」（同上）

要解決人類面對的各種課題，必須集合眾多人的意見、力量和努力！——連結民眾的重要性和人權的普及成為池田 SGI 會長與阿根廷人權活動家埃斯基維爾博士夫婦對話的焦點（1995 年 12 月，日本東京）。

這真是一句至理名言。達成可持續發展目標絕非易事，但我們都可以陪伴痛苦的民眾，鼓勵他們自強奮起，讓奇蹟之花在自己身邊綻放。青年是最適合在這方面擔任旗手的角色。

正如先前提到的，聯合國安全理事會第 2250 號決議強調，青年在和平建設中扮演重要的角色。這裏說明，任何領域也好，只要得到青年的積極參與必能取得突破。

● 難民運動員代表隊的決意

去年 8 月，於巴西里約熱內盧舉行的奧運會上，由難民組成的運動員代表隊首次登場。全世界的人都深受感動。

運動員們當時的說話至今仍然縈繞眾人耳際。其中一人說道：「自己在奧運會的舞台上參賽，希望藉此可以鼓勵跟自己境遇相同的其他難民，告訴他們人生是可以改變的。」另一人也指出：「回顧至今的人生，一切都是令自己變得堅強的因素。我是抱着難民的人生可以過得更好的希望出場參賽的。」（十名難民將參加 2016 年里約奧運會比賽）

從他們的說話可以看到，青年真正可貴之處，不在於過去或未來如何，而在於他們以「現在的行動」去鼓舞起活在這個年代的人。

可持續發展目標中「不讓任何一個人掉隊」的承諾，對青年而言，並非事不關己的遙遠目標，亦不是待到未來某

個時刻才完成的目標。可持續發展目標把焦點放在「大家同為生存在這個地球上的人」這意義上，鼓勵人們通過日常的行動去構築「共同分享生存喜悅」的社會。

當青年決定奮起，照亮自己所處的地方時，他們能為周圍的人創造一個安心立命的空間，讓人再度喚起希望，尋獲生活下去的力量。這樣的空間閃爍着「共生」精神的光輝，正是聯合國希望實現的「不讓任何一個人掉隊」的全球社會縮圖，為其他地區苦於相同問題的人們帶來勇氣與光明。

● 設身處地為受苦之人着想

我在三年前的紀念倡言中，強調青年是最有能力實現「可持續發展目標」的一代，也提議聯合國和民間社會合作推進全球公民教育，誘導青年開發他們無限的潛力。正因如此，很高興見到去年聯合國新聞部 / 非政府組織會議（DPI/NGO Conference）以「開展全球公民意識教育：共同實現可持續發展目標」為主題舉辦的年度大會，得到眾多青年踴躍參加，並通過了推進全球公民教育的《慶州行動計劃》。

國家和社會的真正價值，不在於軍事實力或經濟能力，而是顯現在其到底能夠為受苦的人們做些甚麼。

教育所促進的行為和活動，擁有持續形成社會方向的力量，尤其是全球公民教育。全球公民教育期待達成的目標，是成為一種「緣」，促使人們在審視問題時，不管該問

題發生在何處，皆從「大家都是人」的立場去思考，同時亦讓人們聯合起來，為解決問題共同採取行動。那是確保人們把全球問題視為與自己的生活息息相關的課題，讓他們有機會發揮自身潛力的關鍵。

推進全球公民教育是為了：

1. 積累設身處地為受苦之人着想的經驗；

2. 找出構築共生社會所必需的要素；

3. 大家合力於所在之處創造讓人倍感安心的空間。

我相信，推廣全球公民教育的「緣」，可以在最大程度上引發出青年的力量，加速全球變革的潮流。

● 分化與仇外心理日益高漲

第二個挑戰是構築克服日益加劇的分化與不平等的社會基礎。

隨着全球化的急速進展，離開家鄉移民到其他國家的人口不斷增加，進入二十一世紀之後，這人數更增加了四十個百分比，達到目前的二億四千四百萬人次。

全球經濟長期不景氣，仇外心理隨之高漲，移民及其家屬的處境也日趨惡劣。

奧地利前總理弗朗茨・弗拉尼茨基（Franz Vranitzky）三年前在維也納舉行的跨宗教會議上發言，談到這方面的問題：「（儘管全球化及一體化有上升趨勢）在幾乎所有歐洲國家，對移民、尋求庇護的人感到認同的心理出現下降

趨勢。我覺得有必要指出，令人感到可悲的是，為了提高自己在選舉中當選的機率，大多數政治領導人會捨卻自己對貧窮的外國移民持有的認同感。」（《全球倫理》，*Global Ethics*）

近年來，無論是在歐洲，或是在世界其他國家，以煽動仇恨性言論來挑起歧視心理，或為了某些政治目的而發表言論鼓吹仇外等問題不容忽視，情況令人憂慮。

為了配合在去年9月舉行的聯合國關於難民和移徙者大規模流動的首腦會議，聯合國推出了一項新的運動，以化解國際移民的增加所導致的社會不安。有如此感受是合情理的，而不設法安撫這種在收容國家蔓延的不安情緒，就無法解決問題。正如聯合國的運動所呼籲，在着手應付人們的不安情緒時，有必要合眾人之力，採取措施確保這樣的情緒不會演變為仇外的心理，同時把任何與難民和移民有關的議論都搬到「以人為出發」的桌面上進行。

● 應準備和平

我於1989年10月會晤弗拉尼茨基前總理，在討論文化交流和青年交流的重要性時，他向我指出：「與飛機在數小時能跨越多少距離相比，心靈的距離更為重要。」（《與世界領導人對話》）

他還向我描述在第二次世界大戰期間，雙親在家中隱藏被迫害的猶太人的往事。在那緊要關頭，弗拉尼茨基前

總理的父母毫不理會宗教或種族的差異，始終作為人貫徹為人之道。在追憶二戰的親身經歷時，他說到：「拉丁語有句格言：『若想和平，就應準備戰爭！』但是，我將這句格言改為『若想和平，就應準備和平！』，而從事活動。」（同上）

我們的會晤是柏林圍牆倒塌一個月前的事。早於當年的 2 月，弗拉尼茨基前總理同意撤去設置於奧地利和匈牙利兩國邊境的鐵絲網，9 月又開通東西面的國家往來的道路，方便民眾互相來往，這成了柏林圍牆於 11 月倒塌的理由之一。

德國統一後的首任總統里夏德·馮·魏茨澤克（Richard von Weizsäcker）形容柏林圍牆為「用否定人性的政治砌成的一堵石牆」（《魏茨澤克》，Weizsäcker）。我們絕對不能允許這種嚴重分化人類的現象再度出現在這二十一世紀的世界。

如果身邊的人全是來自同樣的文化或種族背景，人們確實容易感到安心。但當社會局勢變得緊張時，就要提高警惕，不讓這種集體意識演變成歧視或仇視其他族群的偏激心態。誠如釋尊「汝莫問所生，但當問所行」的話所提示，單憑某個特徵就把人歸類的做法不僅荒謬，更是分化、腐蝕社會的主因。

放眼世界，我們可以發現另一個與仇外心理同出一源的問題。那就是凡事以出自市場原理的經濟理性（economic

rationality）為優先的傾向。這種傾向日益顯著，在許多經濟發展處於停頓狀態的國家都可以見到。受其不良效果打擊最深的，都是處於弱勢的群眾，他們往往會被逼到窮途末路。

當然追求經濟理性的確可以爆發出動力推進經濟發展，但這不外是其中一個面向，並不代表整個局勢。如果讓經濟理性成為根深蒂固的社會風氣的話，那麼在作重要的判斷時就會以半機械的方式處理，不會考慮到在社會上生活的人，或顧及他們的需求及利益。

仇外心理不留任何餘地，把這個世界二元化，將其劃分為善與惡兩個極端。如果步其後塵，一味追逐經濟理性，摒棄任何以人性為立場的考量，那麼我們就會被冷酷心態牽着鼻子而行，為了達到目的可以犧牲一切。

● 「正義」與「正理」

經濟學家阿馬蒂亞・森（Amartya Sen）博士一篇談到社會的論文給了我們寶貴的提示。森博士在思考這個問題時，把目光轉到有關倫理和法律的古典梵文文獻上，深入研究文中用以代表正義的兩個詞彙「niti」（正義）和「nyaya」（正理）。（《正義的理念》〈引言〉）

森博士指出，「niti」（正義）指「制度」、「規則」、「組織」的合理性，「nyaya」（正理）則表示事物的出現、其緣由，更是指「人民實際上能過的生活」。森博士強調：「制度、

規則以及組織的重要作用必須在更廣闊且更具包容性的正
理（nyaya）範圍內加以衡量。正理（nyaya）不僅僅與我們所
面對的制度和規則相聯繫，而且是不可避免地與現實世界
相聯繫的。」（同上）

森博士更提到古代印度阿育王，和其祖父在位時就任
宰相的考提利亞，並比較了兩人的政治理念。考提利亞有
一部廣為人知的政治經濟論著，他非常重視政治的效果，
尤其關注制度在促進經濟效率方面所擔當的角色。

另一方面，阿育王的政治則以人的行為及行動為焦
點。根據森博士的分析，阿育王的思想顯示，他確信「社會
可以通過人們自發的良好行為而變得益發富饒，無須用力
量去強制。」（同上）

見到各處因自己殺伐征戰而血流成河後，阿育王幡然
悔悟，皈依佛教。他的治國思想是在這樣的情況下形成的。

「中道」思想是佛教的根本。按照「nyaya」（正理）的概
念來看，那就是強調要時刻檢討自己的一舉一動如何影響
他人，把人的幸與不幸定為一切行事標準的思想。

另一方面，「niti」（正義）的概念仍然在現代社會佔據
重要地位。森博士指出：「如今，許多經濟學家持有與考提
利亞相同的觀點，認為金錢至上方為人類社會常態。」（同
上）在這種情況下，社會重視的是關於最大限度地提升成
長率及利潤的數據，而弱勢群體的福利由於不易被數據化
則不被重視甚至被置之不理。

仇外心理以及仇恨性言論，把世界分為「自己」與「別人」兩個陣營，「自己」必定以「善」的一方自居，而「別人」則必定是「惡」的代表。

社會要如何才能穩住陣腳，抵抗企圖將其分化的仇外心理，以及不顧弱勢群體的犧牲一味追逐經濟理性的作風？我認為答案就在「友誼」二字中。友誼把人牢固地結合起來，讓人在心中烙下接觸過的每張臉孔。

曾與我對話的歷史學家阿諾德‧J‧湯恩比（Arnold J. Toynbee）博士曾說：「以我自己的經驗來說，交朋友是消解傳統偏見的溶液。結識一個人，我們必定會發現，無論對方是甚麼宗教、國籍、人種，都跟我們沒有分別，大家都是人。」（《熟人》，*Acquaintances*）

友誼是無可取代的瑰寶——這是我跟世界各國人民交流中的切身感受。我曾與各國有識之士出版了近八十冊對談集，雖然大家的人生經歷和信仰不同，但期盼和平的心都是同樣地殷切。每本都是我們的友誼結晶，內容包含了彼此要將自己汲取到的歷史教訓傳遞給下一代人的希望。

● **亞當斯幫助移民的行動**

我也曾和美國杜威協會兩位前會長拉里‧希克曼（Larry Hickman）博士和吉姆‧加里森（Jim Garrison）博士會談，而難民的處境是我們討論的一個話題。當時，我們也談到了美國社會活動先驅的簡‧亞當斯（Jane Addams）。

代表 20 世紀的歷史學家湯恩比博士與池田 SGI 會長的對談集至今被翻譯成三十一種語言，於全球掀起對話浪潮。

　　她去倫敦參觀了冠上湯恩比博士叔父名字的福利設施「湯恩比館」[3]（Toynbee Hall）而深受感動，決定回到美國後開設同樣的設施。「赫爾之家」（Hull House）就這樣在芝加哥落成。十九世紀末，赫爾之家周圍居民以貧窮的移民居多，亞當斯如此形容該設施：「這個海島般的地方給了許多移民更多喘氣的自由。他們能使用自己的語言，演奏自己的音樂，過着忠於自己文化的生活。」（《和平婦女們》，

3　1884 年在英國倫敦的睦鄰運動下開設的首間設施。設施的名字，是為紀念熱衷於濟貧拔苦的研究和活動，在三十一歲時英年早逝的經濟學家阿諾德・J・湯恩比博士的一生而取的。此設施除了致力改善居民的生活環境，還舉辦大學公開講座等教育活動。

Peace Women）在亞當斯及其助理的幫助下，移民們能於美國打穩了新生活的基礎。

亞當斯一直抱着如此信念——讓人聯合起來，要比把人分隔來得更有價值。受亞當斯影響的年輕人，日後成為美國首批社會科學家和社會工作者。他們多年堅忍不拔的研究和調查，促進了救助移民和貧困人士的法律制度的修改。

希克曼博士指出，在應付世界日益全球化的挑戰，亞當斯的行動給了我們一個重要的啟示。我也深有同感。

一名在赫爾之家與亞當斯一起工作的人說：「我們沒有抱着挽救世界的奢望，所圖的只是成為孤立無援之人的朋友。」（《簡·亞當斯的一生》）

這也是亞當斯自己的信條。她曾說：「我們能夠成為朋友，成為鄰居。他們教會我們生命的意義，讓我們見到我們引以為榮的『文明』有些甚麼不足之處。」（《城市鄰居：簡·亞當斯的故事》）

在像這樣互通心意當中，能夠觸動彼此內心的深處的不正就是一對一的友誼嗎？

印尼前總統阿卜杜拉—赫曼·瓦希德（Abdurrahman Wahid）敲響警鐘，指出要提防受到那些在社會上高調鼓吹對立的思潮影響。多年來，瓦希德總統一直擔任當地規模龐大的伊斯蘭團體領導人。他指出文明間的差異並不一定會釀成衝突，其中最大的挑戰，是克服對別人的誤解和偏見。（《和平的哲學 寬容的智慧——伊斯蘭教與佛教的對話》）

在我們的會談中，他再三強調友誼的重要性，並透過自身海外留學的經驗，對青年交流的成果寄予厚望。他表示：「期待青年能不計個人利益，多思考社會利益、為世界的和平共生付諸行動。」（同上）

我能夠切身體會瓦希德總統話中的意義，因為我就是在結識世界各地來自不同宗教文化背景的人，與他們逐一地建立深厚的友誼當中，致力壯大世界和平的陣容。

● 培育「沒有戰爭的世代」

我以戶田會長的「地球民族主義」和《禁止原子彈氫彈宣言》為基礎推進和平運動，在 1996 年成立了戶田紀念國際和平研究所。很榮幸地能夠邀請到我多年的好友、伊朗出身的和平學者馬基德・德拉尼安博士（Majid Tehranian）就任第一任所長。

這個世界並非只是一個由國家形成的組合，也並非只是一個不同宗教、不同文明的結合體。這個世界有呼吸、有生命，是由無數人的生活一點一滴聚集而成的。每個生活在這世上的人，即使背景相同都是獨一無二的存在。

一概透過種族或宗教的框框來判斷人的話，只會扭曲每個人豐富多采的真實面貌。通過一對一的友誼，打從心底感受彼此無法取代的價值時，就能夠從朋友的身上可以見到種族、宗教等差異「多樣性」熠熠生輝的一面。

友誼宛如一片磁場，在人的內心起到指南針般作用，

在人生失去方向時助人走出迷途，又在社會拐入彎路時助人將其拉回正軌。

基於這個原因，SGI 積極推進民間社會的交流，尤其是青年方面的交流，期待這種與人相遇的交流，會成為孕育一對一、真誠友誼的契機。

當國家與國家的關係變得緊張，或宗教對立變得水深火熱時，友誼的紐帶讓人在肆意挑起仇恨情緒的狂潮中屹立不搖。當我們在腦海中勾勒出朋友的臉孔，心中決定不讓社會成為好友受排斥的地方時，我們就有能力從自己身邊開始化解對立，營造共生的環境。

關鍵就是我們的努力在全球培育出愛好和平，截斷暴力與憎恨的連鎖效應，築起友好橋梁的「沒有戰爭的世代」。

與好友促膝交談是件賞心樂事。交談不只給人帶來樂趣，更能讓人互勉互勵。正因如此友誼能讓我們鼓起勇氣面對各種困難。

由年輕一代掀起的友誼浪潮，必定會帶動社會的轉變。期待青年世代的友誼會力挽狂瀾，強而有力地逆轉社會分化的趨勢，主導尊重多樣性的和平文化潮流。

● 鼓勵青年及婦女在可持續發展目標中發揮所長

第三個挑戰，是提高社區無論面對多麼棘手的困難，亦可將困難扭轉的力量。

「可持續發展目標」跟「千年發展目標」有許多不同之處，其中令我感到難能可貴的，是在廣泛徵求民間社會的意見後通過這一點。

在制訂「可持續發展目標」時，聯合國與各界人士和機構諮商，聽取他們的意見，其中包括婦女和年輕人。他們廣集民意，深入調查有甚麼值得重點關注的課題。超過七百萬人參與調查，三十歲以下的人佔了整體的百分之七十。（《我聯合國人民》）調查結果列出多個急需關注的地方，如教育、醫療保健、僱用等，這些都被盡數納入「可持續發展目標」之中。

《變革我們的世界：2030 年可持續發展議程》談到這裏的重要意義：「數百萬人已經參加了這一議程的制訂並將其視為自己的議程。這是一個民有、民治和民享的議程，我們相信它一定會取得成功。」

2012 年在舉辦「里約 +20」，開始草擬可持續發展目標之際，我發表倡言表示，希望可持續發展目標會在本質上成為這樣的「人民議程」。因為在我看來，如果廣大民眾不把目標視為與自己息息相關的問題，就無法集眾人之力推動目標的落實。

作為人民議程，可持續發展目標的另一個特徵，是改變了以往千年發展目標把消除貧窮、飢餓等問題視為獨立個體來處理的做法，推出新的嘗試，認為諸問題「是相互關聯的，需要有綜合的解決方法。」

可持續發展目標希望形成一個良性循環，當某個方面取得進展時，其他方面也會跟着改善。例如，假如在提供安全飲用水的問題上取得進展（目標6），就會減少患上傳染病和其他疾病的人數（目標3），減輕婦女每天要長途跋涉去取水的負擔，讓她們有餘裕工作（目標5），助人擺脫極端貧窮的處境（目標1），讓兒童有機會上學（目標4）。

這做法被稱為「聯結性方法」（nexus approach），在可持續發展目標推出之前，由聯合國大學着手研究，並且在世界多個地區進行實驗。其目的在於對可持續發展目標的十七個目標、一百六十九個具體目標抽絲剝繭，找出目標之間的相關之處，以便同步推進。

可持續發展目標涉及範圍廣泛，許多項目是千年發展目標所沒有的，如氣候變化和收入不平等。但無論如何也不可忘卻，既然問題的背後是人為的因素，那麼解決的方法也必然掌握在人的手中。我們要起來行動，只要在某個方面的努力取得不錯的進展，就能從此點取得突破，帶動解決其他方面的問題。

● 在關係網上織入自己的絲線

大乘佛教有「煩惱即菩提」的法理，能為解決這問題提供啟示。這法理促使人對幸福重新定義，強調幸福不是消除或遠離造成痛苦的煩惱，受煩惱與痛苦困擾的自身生命蘊含着菩提 —— 開創美好人生的智慧與力量。

問題不單單是煩惱或痛苦，而是如何面對煩惱，以及在面對煩惱時如何行動。

日蓮大聖人就《法華經》的經文「能令眾生離一切苦、一切病痛，能解一切生死之縛」，解說「離字可訓為明」（〈御義口傳〉）。

日蓮大聖人在這裏指出，要從正面面對自己周圍的問題，認清狀況，在採取行動的過程中感受煩惱的痛苦，才可創造自己的幸福。而且佛法也闡明，這種變革的效應，會順着人與人、人與環境相互關聯所構成的關係網延伸開來，大幅度影響周圍的環境甚至整個社會。

如此不被狀況束縛，用自己雙手編織新的聯繫，從中改變狀況，也是哲學家漢娜・鄂蘭（Hannah Arendt）在討論「人的真正本質」（humanitas）時所採用的觀點。她沿用了她的導師雅斯貝爾斯的「公共領域的冒險」概念，推論「人的真正本質」無法在孤獨中顯現，只有當人把自己的生活和人格都置入「公共領域的冒險」中時，它才能顯現。（《黑暗時代的人們》）

鄂蘭如此形容「公共領域的冒險」：「把自己的絲線，織入一面關係網」。她承認如此做法的後果難以預料：「我們不知道那樣會帶來甚麼後果」，但她毅然表示：「這個冒險必須建基於信賴人才可成立。雖然難以具體描繪，但卻是問題根本所在。那是對人『何以為人』的本質的信賴，缺此則無法置入這領域。」（《理論評論集》，*Essays in Understanding*）

就如鄂蘭所強調的，這樣的信賴是問題根本所在，那不是只對自己及身邊之人的信賴，還包括對這個世界絕不失去希望的信賴。

● 坦桑尼亞婦女贏得的尊重

去年，聯合國促進兩性平等和婦女賦權實體（又稱聯合國婦女署）以「從我所在的地方開始」為題，介紹了數名在嚴酷環境中奮鬥的婦女，談到她們是如何通過為他人行動而推進了可持續發展目標。

其中一位婦女來自坦桑尼亞，是一名在當地某村落活躍的太陽能發電技師。她身有殘疾，歷盡艱辛習得一技之長，用以服務村民。身為一名女性技師，她最初幾乎得不到男士們的尊重，但她為村民設置太陽能裝備，點亮他們的家，裝備壞了之後又幫他們修理，漸漸得到越來越多男士的信任。

她說：「過去一到日落整個村落就一片漆黑，而現在有了燈光。正好現在有兩個孩子來拿我為他們修理好的太陽能燈。他們滿臉笑容，今晚他們能在燈光下溫習功課。」（《從我所在的地方開始：艾沙·穆罕默德》）

相信這就是可持續發展目標作為人民議程所期待的良性循環。一名婦女的自強不但讓整條坦桑尼亞村落享有可再生能源，也逐步地改變了社會對婦女的偏見，而且還改善了兒童的學習環境。

這位婦女踏實而尊貴的奮鬥，改善了自己所在的地方。那正是鄂蘭所說的「織入自己的絲線」。我從那裏見到了「人的真正本質」的光輝。

解決問題的能力，並非某部分人的專屬。迎頭面對現實，挺身扛起一部分重擔，帶起行動的浪潮——這是任何人都可以辦到的。只要把痛苦化為決心，就必定可以發揮力量超越困難。

其中，洋溢着清新的感性，對理想抱着滿腔熱忱的青年，尤其能夠在信賴的基礎上把人凝聚起來，成為催化正面連鎖效應的巨大動力。

● 青年的行動打破無力感

自戶田會長發表《禁止原子彈氫彈宣言》以來，我們創價學會與 SGI 的和平活動一貫以青年為中心推進。他們排除瀰漫現代社會的無力感，逆轉那種「無論多麼努力也無濟於事」的思潮。他們對身處的地方就是達成使命的地方抱着不移的確信，幹勁十足地投身眼前的挑戰。

日本創價學會的青年部從三年前起，開始了「創價全球行動」，於 311 日本東北大地震受災嚴重的東北地區展開活動，協助當地人民心靈方面的重建，除此之外還致力促進日本與中國、韓國及其他亞洲鄰國的友好關係，為建設和平文化、廢除核武器不遺餘力。

各國 SGI 組織的青年也踴躍躋身改善現狀的行列，在

保護生態環境、人權教育、非暴力等領域都可見到他們活動的足跡，一部分活動還與可持續發展目標有直接關連。去年11月，SGI與其他團體於聯合國總部，共同主辦題為「青年協助推進及實踐可持續發展目標」的會議。

聯合國秘書長2030年可持續發展議程特別顧問戴維‧納巴羅（David Nabarro）博士在會議上呼籲：「我們必須讓各地的青年有機會參與這個可持續發展運動。青年們是渴望能夠互相信賴，一起愉快地活動的。」（《青年協助推進及實踐可持續發展目標》）

他的話道出了我們致力可持續發展目標的本意。青年並非只有在感受到威脅時才會行動的人。就是因為他們相信在面臨一個接一個問題的挑戰中，能互相分享喜悅和希望，所以才會不畏艱鉅，勇往直前。

儘管可持續發展目標的實現不附帶任何法律約束力，卻包含着讓世界變得更美好的熱切期望。只要青年們相繼地把這期望作為自身的誓約而奮起行動，他們就會如星火燎原，讓推進目標的勢頭變得更加迅猛。

SGI今後亦以青年為中心，無論是社區的問題或是全球性的挑戰，都竭盡所能，引發正面的連鎖效應。

● 廢除核武器，讓核威懾成為過去

接着我想提出三個具體建議，以落實可持續發展目標所指向的和平、公正與包容的社會：

1. 禁止與廢除核武器；

2. 解決難民問題；

3. 建設人權文化。

關於第一個禁止與廢除核武器的建議，2016 年 12 月，聯合國大會通過一個歷史性的決議，呼籲就制訂一項具有法律約束力的禁止核武器文書進行談判。決議進一步呼籲於 3 月底及 6 月中旬至 7 月，在聯合國總部分別召開第一次及第二次會議，並敦促各國政府為早日締結類似條約盡力。

現在世界上有超過一萬五千枚核彈頭（《斯德哥爾摩國際和平研究所 2016 年年度報告》）。核裁軍停滯不前，而核武庫現代化的計劃又如火如荼地展開，核武器的威脅不但沒有消除反而日益加劇。

過去，美國前總統約翰・甘迺迪（John F. Kennedy）借用古希臘的典故來形容這個危機 —— 就如懸掛在頭上的達摩克利斯之劍 [4]，難以估計的毀滅隨時都有可能降臨，人類和全球環境都無可倖免。這並不是一件陳年舊事。相反，正如聯合國大會的決議所強調，核武器是個迫在眉睫的問題。（《推進多邊核裁軍談判》）

4　用以譬喻「經常處於危險的狀態」。公元四世紀，敘拉古的迪奧尼修斯王讓經常讚他幸福的臣子達摩克利斯坐上王座，讓他嚐一嚐坐在那裏的滋味。達摩克利斯這才發現，王座上方懸掛着一把劍，而這把劍僅以一根馬鬃吊着，霎時明白原來富貴榮華是經常伴隨着危險的。甘迺迪總統在 1961 年 9 月的聯合國總會講演中曾引用。

有關這點，我想作出幾個提議。

首先是儘早舉行美國俄羅斯首腦會談，加快核裁軍的進度。兩國領袖肩負重擔，那是因為兩國龐大的核武庫對全球人類的性命構成嚴重威脅，能於一瞬間把人類數千年的文明化為灰燼。

三年前，兩國關係因烏克蘭局勢而變得異常緊張，由那時起一直處於被稱為「新冷戰」的嚴峻狀態。核裁軍談判自 2011 年《削減和限制進攻性戰略武器條約》生效以來，一直停頓不前，第一階段的削減目標於 2018 年達成後，條約該何去何從至今仍是個未知數。

1 月 20 日上任的美國總統唐納德・特朗普（Donald J. Trump）於當選後，曾和俄羅斯總統弗拉基米爾・普京（Vladimir Putin）通話，雙方同意要改善兩國關係。冀望掌握着世界百分之九十以上核儲備的兩國能努力緩和緊張局勢，並認真地商討核武器問題。

冷戰在二十五年前結束，核威懾卻延續至今，世界上約一千八百枚核武器一直處於隨時能夠立即發射的高度戒備狀態。（《斯德哥爾摩國際和平研究所 2016 年年度報告》）

這究竟意味着甚麼？美國前國防部長威廉・佩里（William J. Perry）在最近的演講上分享他在卡特政權下擔任國防部副部長時（1977 年）的一個經歷。某天深夜，他接獲在北美防空司令部值班軍官的緊急電話，通知他說蘇聯向美國發射了兩百枚導彈。雖然這後來被證實只是一場

假警報，但假如這情報屬實，那麼美國總統只有數分鐘時間決定是否作出反擊。（《我在核戰爭邊緣的歷程》）

在核威懾的邏輯來看，即使無人願意見到核戰爭爆發，依然要做好隨時皆能反擊的準備，以此作為遏止敵方發動攻擊的手段。而且為了證明這不是空口說白話，要經常維持馬上反擊的體制。在這樣的情況下，人們的警戒片刻都不能鬆懈，無時無刻不背負着核戰爭隨時降臨的包袱。這就是核威懾始於冷戰時期一直延續至今的真相。

2016 年 1 月在古巴首都哈瓦那舉辦了「你所珍惜的一切 —— 共創無核武器的世界」展覽。在這個曾經是「古巴危機」（1962 年 10 月）的舞台舉辦了發送和平訊息的展覽，獲得廣泛的迴響。

● 戶田會長在宣言呼籲的核心思想

回想起來，戶田會長發表《禁止原子彈氫彈宣言》的1957年，正是核威懾開始定型的年代。當時，美國與蘇聯進行氫彈實驗，而且為了搶先研發威力更強大的武器，雙方展開了一場日益激烈的競賽。此外，研發的焦點也從轟炸機投放模式改為彈道導彈。

1957年8月，在戶田會長發表宣言的前一個月，蘇聯洲際彈道導彈實驗成功，由此具備了把核武器發射到地球任何一個地方的能力。9月6日，在戶田會長發表宣言的兩日前，由聯合國安排進行了近半年的有關裁減和禁止核武器的裁軍談判以破裂告終。儘管美國、英國、法國、蘇聯和加拿大進行了多輪激烈的討論，仍不能達成共識，導致談判被無限延期。

戶田會長指出，即使核武器威脅着人類的滅亡，但是軍備擴大的競爭卻沒完沒了地進行，其背後的理由就是核威懾的思想。在他看來，那些推說擁有核武器可以起到遏制作用，有助於維持和平的措辭，僅只考慮擁有國本身的利益，對其他絕大多數人因此要付出的巨大犧牲卻視若無睹。

戶田會長希望糾正這種把擁有核武器正當化的觀念。因此他在宣言中斷言要「把隱藏在其（核武器）背後的魔爪摘除掉」。

當時，美蘇的對峙被比喻為「一個瓶子中的兩隻蠍子」（《原子武器和美國政策》）。但是大家似乎忘記了，在這瓶子裏面，除了有核武器國之外，還有其餘所有國家以及居住在那裏的數十億人民。人們被此種不刺人就被刺的對峙蒙蔽眼睛，看不見核武器與常規武器的根本差別，以及這些武器能毀滅一切的性質。

戶田會長言明：「我們世界的民眾有不可侵犯的生存權利」（《禁止原子彈氫彈宣言》），就是為了道破核威懾自欺欺人的荒謬之處。他宣言，任何國家都無權侵犯這權利，不管有怎樣理由也絕不可以使用核武器。

●「核保護傘」下隱藏的不人道性質

相信核威懾的人，不去考慮一旦起不到箝制作用後果會何其嚴重，也不考慮在意外或故障的情況下誤發核武器的可能性。

同樣地，在所謂的核保護傘政策中，這方面的危機當然不會被列入考慮範圍。

其實核保護傘的每根骨架，都是一把達摩克利斯之劍。為了自己的國家，即使讓其他國家的人民經歷與廣島和長崎同樣的悲劇也無所謂──這是極其不人道的國家安全政策。

一旦按下發射鈕，發動核武器互相攻擊，受害的不只是當事的國家，就連鄰近的國家甚至整個地球都會遭殃，

而且所釀成的禍害是無法彌補的。

在核威懾邏輯的天平看來，自己國家的安全代表了正義的一方，而另一方則是眾多平民百姓及整個地球的生態系統。

前半部分談到森博士的社會公正理論，如果從該理論來思考這問題，我們可以看到，為了避免受到他國的核武器攻擊而採取防範措施的安全政策，符合了以目標的合理性為重的「niti」（正義）。另一方面，以後果的合理性為重的「nyaya」（正理）則重視人及他們的生活，從這角度來看，以數百萬人的性命及全球的生態系統，來換取國家安全的核武器政策是完全違背情理的。

即使面對武力攻擊時行使自衛的權利，是受到《聯合國憲章》所保障；即使「niti」（正義）的概念在國際法上是不可完全被否定，但我想在此強調的是，為了自衛是否只得堅持「必須要有武器」這種思維方式。

● 擁有核武器所產生的恐怖與不安

在人類史上，核威懾中「透過威脅來遏止對方」的想法，一直被用作擁有和研發更新、更強武器的理由。但歷史上無窮無盡的戰火顯示，這從來沒有產生任何效果，衝突依然連連不絕。那麼被套用在核武器時，我們又有幾成信心它不會失敗？

核武器問題專家沃德・威爾遜在其近期著作《關於核

武器的五個神話》中探討了相同的問題。他回顧了人類六千年歷史上的戰爭和集團暴力，指出光看第二次世界大戰結束後的六十年歲月，就已捕捉到人往往僅根據百分之一的數據就妄下判斷的傾向。他提到：「尤其當在處理一個顯然是根深蒂固的人性傾向時，此舉似乎過於魯莽。」他還強調，在考慮這個問題時，需要如湯恩比博士般，以數千年的長遠時間來觀察文明的興衰。

我完全贊同。就是因為核威懾是個根深蒂固的人性傾向，所以我們更需要勇於從正面揭發潛藏在其中的重大危機。

佛教深入探究人的本性，從而樹立起尊重生命的思想。這或許給了我們重要的提示。據說釋尊在見到兩個部族為了爭奪水源而大打出手時曾說道：「請看人們互相爭鬥，從執杖中產生恐怖。」（《經集》〈執杖經〉）

我想指出的是，釋尊注視人在對峙時心念的微妙變化有獨到的見解。釋尊洞察到人不是因為害怕敵人而手操武器，而是從拿起武器的一刻起心生恐懼。也就是說，他們或許對企圖從自己手中搶奪水源的敵人感到非常憤怒，但卻沒有感到恐懼。然而一旦拿起武器準備向敵人發動致命一擊的瞬間，人的心中就產生恐懼。

長年在《華盛頓郵報》工作的記者戴維‧伊曼紐爾‧霍夫曼（David Emanuel Hoffman）曾生動地描繪了在冷戰

時期，類似的恐懼心理所導致的一件驚悚事件。(《死亡之手》)

　　1980 年代早期，蘇聯領導層開始計劃設置一個國家體制，這個體制在遭遇核武器攻擊時，而所有領導階層及軍方司令部官員都喪命的情況下，依然可以運作。他們最害怕的是喪失反擊的能力，為此開始構思一個由電腦操作，無論發生任何事都會啟動的全自動反擊系統。但是因為軍方不贊成在無人操控的情況下用核武器進行攻擊，所以調整了計劃，最終把發動攻擊與否的判斷留給在防空壕中避難的倖存官員。

　　一個無人可以遏止的核武器反擊系統，在冷戰步入尾聲的階段幾乎成為現實。最終雖然只以構思告終，但因掌握核武器而感到強烈恐懼的心理，正就是核威懾的終極形態。

　　去年 10 月是歷史性的雷克雅未克峰會的三十週年，這場首腦會議促成了冷戰的結束。

　　會議的舉行由蘇聯總統米哈伊爾‧戈爾巴喬夫 (Mikhail Gorbachev) 向美國前總統羅納德‧列根 (Ronald Reagan) 提議，他選擇兩國中間點的冰島首都為會場。會議召開的半年前，蘇聯發生了切爾諾貝爾核事故，他心中必定一直惦記着該事故，使他對核戰爭的爆發深感憂慮。同樣的，列根總統據說也非常抗拒以核武器這大量殺傷力作為威脅來維持和平的做法。

由於雙方皆對核武器憂心忡忡，故會談進行得非常順利，雙方甚至幾乎達成要消除所有核武器的協議。雖然協議終究沒有達成，但一年後，兩國締結了削減中短程導彈條約，啟動了整個核裁軍的進程。

現在正是時候，美俄兩國應重溫雷克雅未克的精神，為世界和平並肩共進。

聯合國的《禁止核武器條約》談判會議將於 3 月開始召開，其中一個議題，是如何減低或排除意外或錯誤發射的風險。從冷戰時期開始直到結束後，美蘇、美俄曾不止一次發生了險象環生的狀況。懇切希望美蘇兩國首腦會進行對話，探討解除高度戒備體制的可能性，向着核裁軍闊步邁進。

池田 SGI 會長與前蘇聯總統戈爾巴喬夫自冷戰結束的翌年展開交流，為了探求和平共生的世界數度對話（2007 年 6 月，日本東京）。

● 廢除核武器是廣島與長崎的強烈心願

我的第二個提議是，作為唯一於戰爭中遭受過核武器轟炸的國家，日本應自覺到其歷史的使命和責任，盡其所能召集更多有核武器國家、依賴核武器來維持安全的國家，以及其他國家參與聯合國的談判會議。

近年來，廣島和長崎舉行了多項外交會議，又廣邀外國使團前來訪問，以讓核武器問題一直受到大眾矚目。

2014年4月，不擴散與裁軍倡議組織第八次部長級會議在廣島舉行，當時原子彈爆炸倖存者有機會在澳洲、德國、荷蘭等依賴核武器國家的外交部長面前，發表了自己的體驗。參加者最後發表了聯合聲明指出，針對核武器的人道主義影響而進行的討論，可以產生催化作用，讓全球社會團結一致，為實現無核武器世界採取行動。

在那之後，七國集團外長會議也於去年4月在廣島舉行。美國、英國、法國等有核武器國，以及依賴核的德國、意大利、加拿大、日本的外交部長一起訪問了核爆圓頂屋，並且發布了《廣島宣言》，文中提到：「我們抱着與廣島和長崎人民相同發自內心的強烈願望，認為決不能再次使用核武器。」

去年5月，美國前總統貝拉克·奧巴馬（Barack Obama），作為首個訪問廣島的在任美國總統，發表演講呼籲：「美國等擁有核武器的國家必須有勇氣擺脫威懾的邏

輯，追求無核武器的世界。」

期待日本不只呼籲在廣島、長崎參加討論的國家，也會呼籲其他國家踴躍參加這場就《禁止核武器條約》進行多邊核裁軍談判的會議。

2015 年的《不擴散核武器條約》締約國審議大會，有核武器國與無核武器國之間的鴻溝未能填補，以致不能達成共識，通過最終文件。想必這次談判會議也會困難重重。

但是所有國家基本上都明白到《不擴散核武器條約》的重要，也關注核武器所附帶的毀滅性後果。我認為應以此共識為立足點，商量有關核武器的討論該以何種形式進行。

於此，我們可以借鑒《巴黎協議》至採納為止的商討過程。《巴黎協議》是應對氣候變化問題的一個重要轉折點，參與商討的各方不拘泥於追究誰是誰非或該由誰負責解決，而是聚焦於如何一起實現低碳未來這共同目的。這是商討中的一大突破，也是《巴黎協議》得以落實的主要原因。

核武器問題的處理也可沿用這做法。締結禁止生產、轉移、威脅使用、使用核武器的條約，是為了不讓核戰爭的慘劇在任何國家上演，應被視為一個全球社會合力完成的事業。

《不擴散核武器條約》的序言表明，條約的成立是基於對「一場核戰爭將使全人類遭受浩劫」以及有必要「保障各國人民的安全」的認知。

談判會議的宗旨與《不擴散核武器條約》如出一轍。《禁止核武器條約》成立後不會取代《不擴散核武器條約》，反而會與《不擴散核武器條約》相輔相成。條約的成立過程符合了《不擴散核武器條約》中第六條「真誠地進行談判」的條文。

一方面是對國家安全與防衛的顧慮，另一方面是實現無核武器的世界，重要的是盡量鼓勵更多國家參與談判，以便合諸國之力尋找這兩方面的共通點。

《不擴散核武器條約》締約國 2020 年審議大會籌備委員會第一屆會議即將在 5 月於維也納舉行。屆時除了需要集中討論《不擴散核武器條約》第六條所規定的核裁軍義務，還要考量到各國對國家安全所存有的顧慮，針對應該採取些甚麼步驟來消弭這方面的顧慮交換意見，況且會議的討論成果，可以豐富 6 月於紐約舉行的《禁止核武器條約》談判會議，所有國家都可從中受益。確保談判會議與《不擴散核武器條約》締約國審議大會保持聯繫，及填補立場不同所造成的差距，以讓談判會議更具建設性。

聯合國自七十多年前成立以來就一直在面對核武器問題，故我們不可低估即將舉行的談判會議的複雜性，但我相信只要各國真誠地進行對話，建設無核武器必定可以形成不可逆轉的大趨勢。

聯合國預計最遲於 2018 年召開一次核裁軍問題聯合國高級別國際會議。希望屆時可以通過一項把核武器規定

為非法之物的條約，這樣會營造出一個適於大幅度削減核儲備，最終將其廢除的環境。

● 呼喚無核武器的民眾宣言

我的第三個提議，是呼籲民間社會各界代表發表各項聲明，以壯大談判會議的舉行聲勢。這些聲明的積累，會儼然成為一份呼喚無核武器的民眾宣言，為締結禁止核武器的條約提供一個代表着民眾心願的作業平台。民間社會可以確保政府在制定國家政策，來處理那些不分國界、與民眾息息相關的問題時，會深入民間，了解人民是如何受到問題打擊，而不會僅將它當成國家層次的事。這是民間社會所能夠扮演的重要角色。如此也可促成全球合作。

1955 年 7 月 9 日，由世界多位知名科學家發表的《羅素－愛因斯坦宣言》[5] 敲響核武器危機的警鐘，開創了重要的先例。

「我們要避免使用任何只針對某一族群而非其他族群的詞語……作為人類的一員，我們懇求全人類：記住你們的人性，忘掉其他的一切。」

5　1955 年 7 月，由哲學家羅素和物理學家愛因斯坦等十一人發布，呼籲要廢除核武器和建設沒有戰爭的世界的宣言。世界的科學家以此為基礎，於 1957 年組成了帕格沃什科學和世界事務會議，一直進行廢除核武器運動，該組織於 1995 年獲諾貝爾和平獎。

這段話說明，宣言所表達的不是一個國家或民族所持有的集體思考邏輯，而是萬眾共有的內心情感。讀過宣言的人可以感受到，核武器是一個危及「他們、他們的孩子、他們的孫子」，而不是一個在國家層次發生的問題。

1996 年 7 月，國際法院就「以核武器進行威脅或使用核武器」，發表了歷史性的諮詢意見書。這是民間社會透過「世界法院計劃」的運動，大力推動下得來的成果。約四百萬人以四十種語言發布了一份《公眾良心宣言》，在審理剛開始時提呈給國際法院。

法院指出，以核武器進行威脅或使用核武器皆違反國際法，各國有義務要進行談判並確保談判圓滿結束，以達成全面核裁軍。

二十年後的今日，即將召開為締結條約來禁止核武器而進行談判的聯合國會議。在這時刻，民間社會應全面支持談判會議，為落實一項在民眾主導下成立的國際法造勢。

談判會議的實現，不但是那些藉由外交途徑企圖解決核武器問題的國家努力的成果，也要歸功於各界人士及團體孜孜不倦的奮鬥，其中有廣島、長崎及其他地方的原子彈爆炸倖存者，還有世界各地的科學家、醫生、法律專家、教育工作者、宗教界代表等。

無論以個人的立場或作為一個團體，人們可以展開各式各樣的行動予以支持。如發表聲明，使建立無核武器世界的呼聲變得更加宏亮；或在草根階層舉辦活動來宣揚《禁

止核武器條約》的重要性，以博取公眾的廣泛支持。每一個行動都符合聯合國在規定要召開談判會議的決議中所述「國際組織和民間社會代表的參加與貢獻」（《推進多邊核裁軍談判》）的效果，從而創造有利締結條約的條件。不管是來自有核武器國或依賴核的國家，如果眾人把心中的萬般期待化為具體行動，給予寶貴的支持，那麼條約成立後必定更具實效性及普遍性。

這些民眾的呼聲絕對不為少數。例如以要求廢除核武器為目的的「和平市長會議」，就是由一百六十二個國家、地區共七千二百個城市的市長組成的國際組織，其中許多還是屬於有核武器國和依賴核國的城市。

這讓我想起了埃斯基維爾博士的話。博士過去曾把親手雕刻的作品贈送廣島市，他在和我會談時強調：「和平的力量，能給人類帶來意義和活力。」（《人權世紀的建言──「第三千年」的關鍵》）

以核武器來維持安全的政策具有如此力量嗎？我相信答案必定是「不」，因為那是唯有和平才能夠展現的，而且是在人們跨越一切差異，為維護生命的尊嚴而齊心協力的情況下實現的和平。

SGI 本着戶田會長在《禁止原子彈氫彈宣言》中表達的信念，積極投身促進和平的運動，於 2007 年推出了「廢除核武器民眾行動十年」。

我們與國際廢除核武器運動共同製作的「你所珍惜的

一切——共創無核武器的世界」展覽在世界各地巡迴展出。為了支持「零核」，我們於 2014 年募集了超過五百萬人表示贊同的簽名。這是一個呼籲各國有誠意地進行核裁軍的運動。

去年，作為「憂慮核武器不人道後果的宗教」的一員，我們參與多份聯合聲明的起草工作。這些聯合聲明被提交給負責核裁軍的「不限成員名額工作組」、處理裁軍與國際安全事務的聯合國大會第一委員會。

2015 年 8 月，SGI 和其他團體於廣島攜手召開了國際廢除核武器青年峰會，另外又於 2016 年成立了名為「擴音」的國際青年網絡。這是一個致力於廢除核武器的團體，其主要目的是實行峰會上所決定的事項。

今年夏天，為了紀念戶田會長發表《禁止原子彈氫彈宣言》的六十週年，SGI 將於日本神奈川召開青年反戰峰會。神奈川是戶田會長發表該宣言的地方。

2016 年 5 月，SGI 向聯合國「不限成員名額工作組」提交了一份工作文件，裏頭包含了這十多年來我們貫徹的理念。該建議書目前已被登記為聯合國的正式文件。

其內容有如下一節：「核武器讓人生變得毫無意義，使人無法抱着希望面向未來……核武器的根本問題在於其徹底否定他人，即否定他們的人性，以及他們與別人一樣享有幸福、生存的權利……核裁軍並非一個唯有有核武器國才需要面對的挑戰，那是一個全球社會合力完成的事業，

需要得到所有國家以及民間社會全面的參與。」(《核武器與人類安全》)

為了使 3 月開始舉辦的談判會議，成為造就這項全球社會合力完成的事業，我們會跟志同道合的人與團體合作，召集並擴大民間社會的呼聲。

● 燃起難民心中的希望

我的第二個具體建議，就是實施必要的援助計劃，協助難民在生活中尋找希望。

近年，由於武裝衝突和迫害而離鄉背井的人急速增加，人數據估計已超過六千五百三十萬人(《全球趨勢》)，而今年已步入第六年的敘利亞糾紛情況尤其嚴重，已經釀成一場人道主義危機，有超過三十萬人喪命，一半以上的人口受恐懼及困窘所逼漂泊他鄉，而四百八十萬人更逃亡國外尋求庇護(《聯合國多家機構發表共同聲明　呼籲結束敘利亞衝突與苦難》)。

古特雷斯秘書長於 2016 年 10 月聯合國大會接受任命後談到，自己就任後的首要任務是爭取和平。他指出：「要大幅增加以外交渠道推進和平此做法，那是……降低人類各種苦難的上上之策。」(聯合國新聞部專訪)

去年 12 月 30 日，敘利亞停戰協議生效，聯合國安全理事會也通過決議對停戰表示支持，並呼籲相關各方要遵守協議。目前為時尚早，還無法預料內戰會否就此得以平息。

新一輪的和平談判將在聯合國的協調下於 2 月進行。古特雷斯秘書長曾多年出任聯合國難民事務高級專員，期望在他的領導下，聯合國此國際組織及相關的國家會攜手合作，尋找早日結束衝突的方法。

除了從外交管道着手，古特雷斯秘書長也指出另一個急需關注的課題，那就是全面的連繫那些逃離可怕的衝突、需要保護的人們。（同上）

這課題也是去年 5 月於土耳其伊斯坦布爾舉行的聯合國世界人道主義首腦會議所探討的主題。開幕式上有人指出，重要的是，在見到有人由於衝突而忽然失去原有的生活，而且日復一日要作出艱難的抉擇 —— 面臨着無窮無盡的空襲，到底要繼續留在自己的家園，還是舉家跋山涉水尋求庇護？明知越洋旅途艱險重重，到底是為了生活有可能好轉的一縷希望而乘船避難，還是留在原地？如果孩子途中生病，要用所剩無幾的錢為孩子買藥，還是為家人買食物？

我們不可忘卻，這些處於水深火熱的人，其實與我們沒有分別，大家都是人，他們只是出生在不同的國家，來自不同的背景，有不同的人生經歷而已。

● 增強難民克服困難的力量

會議的與會者來自社會各界，許多也是民間社會的代表，大家在會上一致認同，要以井然有序、萬全周到的方

式，推行與人道及發展有關的議程，以及增強難民及收容他們的社區的克服困難的力量（resilience）。

特別為會議製作並在那裏首次公開的「人的復甦」展便是以增強克服困難的力量為主題。該展由 SGI 及其他團體策劃製作，目的在於讓更多人知道，增強克服困難的力量是建構「不讓任何一個人掉隊」世界的關鍵。

作為實現這目標的具體步驟，我提議聯合國率先設立新的「夥伴關係」援助體制，以進行人道援助及捍衛人權。這個援助體制將協助流離失所人士在某些領域中就業，而這些領域又會反過來幫忙收容他們的區域，促進當地可持續發展目標的實現，增強那裏的克服困難的力量。

一個近期的調查顯示，在接受聯合國難民署援助的難民中，有百分之八十六的人集中在衝突地區附近的發展中國家（《全球趨勢》）。這些國家原本就面臨着貧窮、健康及環境衛生等可持續發展目標中所提及的問題，而如今更雪上加霜，還要收容大量的難民。正如在去年世界人道主義首腦會議上確認的那樣，把發展與人道援助這兩個領域結合起來同步推進，是當務之急。

聯合國開發計劃署在埃塞俄比亞施行的計劃就是一個好例子。由去年起，埃塞俄比亞收容了為了躲避戰亂從鄰國流落當地的七十三萬名難民，而當時又遭逢三十年來最嚴重的旱災。（《在收容難民社區增強恢復力》）這計劃一邊協助當地更有效地管理天然資源，一邊支持各社區修復基

礎設施，成功地舒緩難民與當地居民間的緊張關係，讓雙方和睦共處。

無須贅言，在難民人口不斷膨脹的情況下，倘若收容國家沒有安定和發展，難民們又有何安定生活可言。

在處理可持續發展目標的相關問題時，發達國家和發展中國家所面臨的情況都大同小異。無論是哪一方面的國家，實施可持續農業及設法解決糧食短缺危機、建設利用可再生能源的基礎設施、提供醫療保健及衛生服務等，皆可為許多人提供就業機會。

國際勞工組織總幹事蓋伊·賴德去年建議推出新版的「羅斯福新政」，為流離失所的人提供就業機會（《全球遷移危機》）。其中一個方法就是把人道援助和發展兩個領域結合起來，在聯合國與其成員國積極合作下，為難民及尋求庇護者開辦與可持續發展目標相關的職業及技術培訓課程。

● 以在收容國的經驗重建家園

對人來說，工作十分重要，不只讓人維持生計，更使人生富有意義，是我們存在於世的證明。

前任悉尼和平基金會主席斯圖爾特·里斯博士最近和我出版了一本對談集。他談到，缺少了工作機會，就無法確立社會公義。他也在對話中提到，許多人在失去工作之後，會感到自己的存在價值被否定，除了失去賺錢的機會，他們也可能失去那種對社會有所貢獻的充實感。（《談論和

平哲學與詩心》、《超越市場：經濟理性主義以外的備案》）他甚至強調，對人的價值而言，這是一種根本的威脅。

我們的話題也提到美國前總統富蘭克林‧羅斯福（Franklin D. Roosevelt）推行「羅斯福新政」後所取得的成效。那是針對經濟大蕭條導致的高失業率，由 1929 年開始推行的。在該政策下，除了興建水壩及其他基礎設施，也成立了民間資源保護隊來管理、整修國家公園及森林。在十年內，超過三百萬青年響應了這項計劃，種植了超過二十億株樹。這些活動讓參加者感到自豪，覺得自己有用於社會，能夠為別人作出貢獻。不但如此，這些國家公園和森林，至今仍然是生物多樣性的象徵，保護着生態系統，也起到吸收溫室氣體的效果。

我們要從這些成功例子汲取經驗。當前的急務，是設立一個既為難民爭取更多就業機會，又同時推進可持續發展目標的框架。

大部分難民都經歷各種各樣的痛苦和悲傷，所以能夠明白其他處境艱辛的人的心情，為他們伸出援手。而且，假如他們在避難時有機會參與可持續發展目標方面的工作，有朝一日戰火停息返回故國，他們所累積的工作經驗，還可以成為重建家園的力量。

去年 9 月，聯合國舉辦了一場關於難民和移徙者大規模流動的首腦會議，通過決議，聲明必須於 2018 年為難民和移徙者制訂「全球契約」。

難民問題是一場人道主義危機，其規模之大、事態之嚴峻史無前例，不解決就無法實現世界和平與安定，也無法落實可持續發展目標的理想，建立「不讓任何一個人掉隊」的世界。

日本政府曾出資支援剛才提到埃塞俄比亞的聯合國開發計劃署計劃，因此，對聯合國所推進的人道援助與發展領域，也理應大力支援。

去年 9 月的聯合國應對難民和移徙者大規模流動問題高級別峰會結束後第二日，奧巴馬總統召開了全球難民危機領導人峰會。日本政府承諾為近一百萬受衝突影響的人提供教育和職業培訓方面的援助。另外，日本將於今後五年內收留最多一百五十名敘利亞留學生。希望透過這些援助活動，日本會領先建立一個進行人道援助及捍衛人權的夥伴關係。就如較前所述及的，其中一個方法就是為難民及流離失所人士提供與可持續發展目標有關的技術及職業培訓。

● **大學的社會使命**

有鑑於此，我也希望見到世界各地的大學和聯合國合作，為難民青年提供更多接受教育的機會。

由七年前開始推行的聯合國學術影響，是一項把聯合國和世界各地的大學連結起來的計劃，現在已有一百二十個國家的一千所大學加入。就整體而言，這些大學的研究

主題幾乎涵蓋所有全球問題，其研究成果必定成為無比重要的資源，惠及全人類。

回顧歷史，剛才談及救濟貧民的湯恩比館，以及協助貧窮移民生活得有尊嚴的赫爾之家，我們可以發現在這兩所設施負責舉辦教育活動的，都是大學的相關人士。

這些例子顯示，大學是社會上給人希望、讓人安心的避風港。從這點來看，世界各地的大學透過研究活動，為解決全球問題作出貢獻，這是具有非凡意義的。而且還可以進一步為難民青年提供受教育機會，為他們開辦進修及遙距教學課程，藉此加大這方面的貢獻。

很榮幸，我所創辦的創價大學於去年5月加入了聯合國難民署的難民高等教育項目，從今年新學年開始招收難民留學生。

在去年的里約熱內盧奧運會上，難民奧運團的敘利亞泳將尤斯拉・馬爾迪尼（Yusra Mardini）說了一席感人肺腑的話，為其他難民打氣：「我想代表所有難民，因為我想向所有人展示，苦難過後，風浪過後，平靜的日子必會到來⋯⋯希望大家不要放棄夢想，要跟着自己的感覺走。」（十名難民將參加2016年里約奧運會比賽）

對於由於衝突而被迫離鄉背井，在陌生的環境中生活的人而言，找到有意義的工作和接受教育，是尋回尊嚴、對未來抱有希望、體會到生命意義的關鍵。

從這一點來看，為難民及流離失所人士所制訂的全球

契約，必須包括提供工作及受教育機會的具體方案。歸根究底，解決難民危機與否，取決於是否能夠讓流離失所的人們重新感到安心、有希望、有尊嚴。

● 建設人權文化

最後的第三個建議，是有關建設人權文化。

除了僵持已久的武裝衝突和內戰，連連發生的恐怖主義襲擊和日益加劇的暴力極端主義是另一個嚴重危及全球社會的現象。大多的情況是，年輕人在找不到人生的意義，又對未來喪失希望的情況下，容易陷於暴力極端主義。

去年 11 月，戶田紀念國際和平研究所在美國弗吉尼亞州的東方門諾派大學主辦了一個為期兩日的研討會，主題為防止暴力極端主義的蔓延。

許多國家認為，懲罰是防止暴力的最有效措施，而且持有如此觀點的國家不斷增加。在如此社會背景下，與會者分析了發生在各地的案例，深入追究這樣的措施是否真的有效。他們還針對其他相關問題交換了意見，其中包括如何在紛爭地區維持和平。

會議也把焦點放在探討導致暴力極端主義的因素上，討論如何防止這方面的問題，以及是否有必要以一個全面性的方法，來推廣那種拒絕以暴力解決問題的思維方式。

我認為其中的關鍵就是人權教育。

去年是《聯合國人權教育和培訓宣言》成立的五週年。

SGI 從起草階段開始，就一直支持這項重要的聯合國宣言。那是由聯合國成員國通過的史上首份關於如何進行人權教育的國際規範。

去年 9 月，SGI 代表出席了一場為紀念宣言發布五週年而召開的人權理事會第三十三屆會議。聯合國人權副高級專員凱特・吉爾摩（Kate Gilmore）在會上致開幕詞時指出，各地憎恨與暴力事件變得越來越頻繁，但另一方面，我們也見到許多人因為人權教育的關係而展開了更正面、更有意義的行動。她還說：「人權教育能超越我們的多樣性，培養我們共通的人性。人權教育並非可有可無的選項。進行人權教育並非例行公事。它教的是做人的根本道理。」她一語道出了人權教育的真正價值。

● 十八億年輕人的巨大潛在力量

會上也以多個事例來介紹人權教育的成果，其中一個變革例子發生在一名少女的身上。這名少女參加了學校的人權教育課程之後，開始認真地思考自己的尊嚴。了解到自己生命與生俱來的價值後，這名少女變得堅強，對未來更有自信，學會不被周圍環境左右。她改變了，不再是一名受害者，而且還希望能成為維護他人人權的人。

吉爾摩副高級專員指出，這名少女的故事，就是「人權意識的非凡作用」的例子，並且強調「教育正是變革的催化劑」（同上）。人權教育蘊藏着無限的力量和可能性。

為了進一步實現宣言中的項目，我建議採納一項攸關人權教育與培訓的公約，那將有助於啟發帶來正面變革的連鎖效應。

　　明年是《世界人權宣言》通過七十週年。我呼籲聯合國與民間社會屆時舉辦一場人權教育論壇，檢討至今取得的成果，以及討論成立上述公約的相關事宜。

　　據估計，目前世界上年齡介於十至二十四歲的年輕一代有十八億人。（《18 億人的力量：青少年、青年和未來的改造》）只要這些年輕人都拒絕參與暴力和糾紛，認同並捍衛人權的價值觀，那麼《聯合國人權教育和培訓宣言》中提倡的「多元和包容的社會」就有望實現。

　　人權教育是實現這理想的動力源頭，為了確保各國可以持續不斷地推進人權教育，有必要制定相關的法律制度及教育計劃，以及設置定期監測及審核的機制。

　　這也是 SGI 作為民間社會網絡的人權教育 2020 的代表，在上述提到的政府間會議上發言時所呼籲的重點。

　　國際上為維護人權而展開的行動，基本上都以《世界人權宣言》為出發點。這些行動最初屬於較傳統的做法，只列出需要保障的權利，以及權利受侵犯時的彌補措施。但是今日這種做法已有所改變，人們更注重於建設一個扎根於社會，以尊重多樣性、維護彼此尊嚴為目標的人權文化。

　　SGI 和數個聯合國機構以及其他夥伴團體合作，為配合從 2 月底開始舉行的聯合國人權理事會，將主辦一個新

的人權教育展覽。希望這展覽能鼓勵民間社會，使之更熱衷於建設人權文化，也為了此目標而更加團結。希望今後也有機會和其他非政府組織合作，共同引領國際輿論，支持締結具有法律約束力的人權教育與培訓條約。

● 建設人權文化的必要因素

最後，我要談及性別平等的重要性，因為那是建設人權文化的必要因素。性別平等，就是不分男女，人人都能享有同等的權利、責任和機會。

就如聯合國婦女署所強調的，性別平等的目標就是要建構一個尊重多樣性，男女雙方所關心的事、他們的需求都受到重視的社會。可持續發展目標的目標之一，就是實現性別平等，消除任何地方、任何形式的歧視。

去年 3 月 14 至 24 日舉辦的聯合國婦女地位委員會第六十屆會議，有八十多名來自世界各國的部長級官員，和約四千一百名民間社會代表參加，這是前所未有的紀錄。由此可見，這是一項備受認同的要務。SGI 的代表除了參加會議的專題討論以外，還舉辦了一場題為「婦女領導力開闢達成可持續發展目標的道路」的周邊活動。

這場論壇再度確認，性別的不平等待遇，是一個急待解決的人權問題，如果在這問題上取得進展，可持續發展目標中的其他目標也會受其牽引而跨前一步。從上述討論

的「聯結性方法」來看，性別平等就是推進整個可持續發展目標的重要因素。

　　早在 1995 年北京世界婦女大會召開之際，各國政府便已經認識到性別平等的重要性。在那之後，另外一個意義深遠的發展，是聯合國安全理事會就「婦女、和平與安全」，於 2000 年 10 月通過的第 1325 號決議[6]。這份決議敦促設立具體措施，以便讓婦女有平等的機會全面參與維持及促進和平、安全的各個領域。

　　致力促成這項決議的聯合國前副秘書長安瓦爾・喬杜里（Anwarul K. Chowdhury）曾在和我的對談中說，由於「基於概念上及政治上的大轉變」（《創造新地球社會 —— 暢談和平的文化與聯合國》），決議才能通過的。

　　他進一步解釋，這樣的突破，是來自聯合國安全理事會在 2000 年 3 月 8 日國際婦女節發表的宣言。這份宣言指出，和平與性別平等之間有密不可分的關係，改變了把婦女視為戰爭和衝突中無能為力的受害者的觀點，承認她們在「維持和促進和平與安全的一切努力至關重要」（《男女平

6　2000 年 10 月，聯合國安全理事會一致通過的決議，包括了讓婦女參與防止衝突和建設和平的過程，防止婦女在衝突中受暴力和人權侵犯所害等聯合國成員國都要遵守的內容。至今，四十餘個國家已經敲定計劃，以配合決議採取行動。安理會還另外通過六個決議，以輔助第 1325 號決議。

等與和平與安全息息相關》）。這觀念上的改變，成為落實第 1325 號決議的契機，明確地開拓了婦女參與和平過程的道路。

一份就第 1325 號決議執行狀況的評估報告在結論中指出，婦女的參與有助於提高和平建設的可能性及持久性。這份於 2015 年 10 月發表的報告也強調，婦女可以在聯合國的維護和平活動中，扮演關鍵的角色，例如協助取得當地居民的信任。

許多國家的政府已經開始實施必要的政策，以實現可持續發展目標中關於性別平等的目標。在此必須謹記當初讓第 1325 號決議得以通過的觀念上的突破，那就是改變社會對婦女的看法，認清她們並不是無助的受害者，有必要發揮她們的力量。

有關這點，愛默生協會前會長、婦女研究專家的薩拉・維德（Sarah Wider）博士在與我談話時強調：「沒有人應該為了別人而退居後座，大家應該並肩而坐，互相傾聽交談，尊重彼此擁有的能力。」（《真實的人際關係》，*The Art of True Relations*）

根據最近的一項調查，1945 年舊金山會議在草擬《聯合國憲章序言》的時候，由於一個婦女團的堅持，序言中才有了今日「男女……平等權利」（《研究員報告：拉丁美洲婦女使婦女地位被聯合國憲章提及》）的這句話。

在當時的會議上，許多與會者反映出加入關於人權的

明確條目的必要。但一組來自拉丁美洲的婦女卻指出，原本的「人人平等權利」還嫌不足。

她們成功說服了會議把其修訂為「男女……平等權利」。不但如此，就連尊重人權不分性別的第一條，以及男女有平等權利在任何聯合國機構，負責任何職務的第八條，也都是在她們推動下落實的。

●《法華經》描繪的龍女成佛

談到這裏，我想起了《法華經》這部頌揚「萬眾皆尊貴」的經典裏，描寫一名少女展現自己女性尊嚴。

釋尊說法闡釋了一切眾生皆俱備尊貴的生命此「萬眾皆尊貴」的哲理後，智積菩薩以為說法的重要部分已經結束，正準備動身離去時，釋尊把他叫住，勸他留下來和文殊師利菩薩對話。

文殊菩薩給他講述了年僅八歲的龍女的故事：龍女成佛後綻放着生命尊嚴的耀眼光輝，對一切眾生抱着慈悲的心。智積菩薩對此持着質疑的態度，表示無法相信。就在這時，龍女出現在他眼前。釋尊的弟子舍利弗見到龍女現身，也同樣心生疑惑向釋尊發問。

龍女掏出一顆象徵着生命無上尊貴的寶珠獻給釋尊，之後轉向舍利弗，訓斥他要認清她生命真正的光輝。見到她樂於行善助人的精神，舍利弗和智積菩薩才明白到，文殊菩薩所言並無虛假。

這個描述說明，只把「萬眾皆尊貴」看成一個抽象概念，是無法落實人人的尊嚴皆被重視的理想。

日蓮大聖人對龍女訓斥舍利弗的一幕有獨到的見解：「觀我成佛（觀看我的成佛），是在責怪舍利弗認為是龍女成佛的這個錯誤，而應當看作是自己的成佛。」（〈御義口傳〉）

日蓮大聖人指出，龍女成佛與舍利弗成佛並非兩回事。龍女代表所有婦女，認同了龍女的尊貴生命之後，代表所有男士的舍利弗本身的生命才會發放光芒。

因為有了關於「婦女尊嚴」的具體描述，《法華經》中「萬眾皆尊貴」的哲理才有實際的意義。出於相同的道理，因為《聯合國憲章》特別提到婦女的權利，聯合國才會處處滲透着人權精神的氣息。

我相信，在舊金山會議上勇於發表意見的婦女代表，必定胸懷如此信念——要構築一個重視人權的社會，就不可不為婦女的權利給予明確的認可。

聯合國婦女署推行了「他為她行動」(HeForShe) 嘗試透過這個全球性運動，讓男士們，不管是成年人或兒童，也加入促進性別平等的陣列。人人都有不容被剝奪的權利和自由，我們要致力確保的是，不論有何差異或區別，人人都可自由地享受這份權利。

性別平等的目的，就是開拓一條不分男女，人人都可忠於自己，活出生命價值的光輝道路。

我們 SGI 會以青年為中心，致力加強以建設「人權文化」為目標的民眾連繫，讓希望的鐘聲響徹寰宇，為創造「不讓任何一個人掉隊」的世界全力以赴。